THÉOPHILE GAUTIER.

LA PEAU DE TIGRE

II

PARIS — 1852.

HIPPOLYTE SOUVERAIN, ÉDITEUR,

5, RUE DES BEAUX-ARTS.

LA PEAU DE TIGRE.

II

PUBLICATIONS PROCHAINES :

LE DERNIER ROI
Par ALEXANDRE DUMAS.
Ouvrage complétement inédit.

DERNIER RÊVE DE JEUNESSE,
Par ED. de BEAUMONT-VASSY.

MÉMOIRES DE TALMA
ÉCRITS PAR LUI-MÊME
ET RECUEILLIS
Par ALEXANDRE DUMAS
Tomes V et VI.

UN NOUVEAU ROMAN
Par MAXIMILIEN PERRIN.

LE GOLGOTHA DES MARCHANDS
Par ALFRED VILLENEUVE.

LES PROSCRITS DE SYLLA
Par FÉLIX DERIÉGE.

UN NOUVEL OUVRAGE
Par ALPHONSE BROT.

LES SOUPERS DU DIRECTOIRE
Par Jules de SAINT-FÉLIX.

Paris. Imprimerie de H. V. de Surcy et Cⁱᵉ, rue de Sèvres, 37

THEOPHILE GAUTIER.

LA
PEAU DE TIGRE

II

PARIS. — 1852.

HIPPOLYTE SOUVERAIN, ÉDITEUR,

5, RUE DES BEAUX-ARTS.

EN ESPAGNE.

(Suite.)

Il était un peu plus de dix heures lorsque le premier taureau s'élança dans l'arène, secouant sa *divisa* de rubans jaunes et rouges; après avoir reçu cinq coups de lance et quelques *banderillas*, il fut tué par Pedro Sanchez. Nous ne ferons pas l'histoire spéciale des sept autres taureaux expédiés plus ou moins heureusement par Lavi l'aîné, Luca Blanco, Lavi le jeune, Antonio del Rio, Julian Casas; ni les taureaux, ni les *épées* ne firent rien de bien remarquable à cette *prueba :* à peine y eut-il une demi-douzaine de chevaux d'éventrés.— Le second taureau, de Lesaca, arracha la porte de la barrière en sortant du *toril;* le troisième, de don Saturnino Ginès, doué d'une grande vitesse et d'une extrême légèreté, franchit les *tables* à trois reprises; voilà les incidents les plus marquants de cette course matinale. Bêtes et gens avaient l'air de peloter en attendant partie, et comme l'heure avançait, on abrégeait beaucoup les formalités, et au bout de quelques minutes *l'épée* apparaissait secouant sa *muleta* écarlate.

Après une heure d'interruption

dans le spectacle, heure employée à promener le rateau à travers la place, à jeter de la poussière sur les mares de sang, les gradins et les balcons se garnirent d'une nouvelle foule, plus compacte, plus gaie et plus brillante encore que la première.

A trois heures, Leurs Majestés et Leurs Altesses arrivèrent; la Reine, le Roi et son auguste père, vêtus, ainsi que les Princes français, en habit bourgeois, se placèrent au milieu du balcon, sous le dais; la Reine-Mère, l'infant don Francisco occupaient la droite; l'infante Doña Luisa-Fernanda et le duc de Montpensier, les infantes, filles de l'infant don Francisco et le duc d'Aumale, la gauche ; par derrière se tenaient les ministres, le duc de Rianzarès, et, chose assez extraordinaire, le patriarche des Indes.

Sous le balcon royal, la barrière de planches était interrompue et remplacée par un mur de poitrines et de hallebardes : c'est un des priviléges du corps des hallebardiers de la Reine; quand le taureau se dirige sur eux ils croisent la pique, et s'ils le tuent, il leur appartient. Le danger qu'ils courent n'est pas très-grand; ce sont d'anciens soldats, aguerris et bien armés; mais le sort des alguazils nous paraît beaucoup plus mélancolique.

Un vieil usage, précieusement conservé, car il fait les délices et la joie du peuple de Madrid, veut qu'en ces solennités six alguazils à cheval se tiennent dans la place tout le temps que dure la course, la tête tournée du côté de la Reine, et par conséquent ne pouvant rien voir de ce qui se passe derrière eux. Ils restent là ainsi, sans autre défense contre les attaques du taureau que leur petite baguette de bois, en proie à toutes les angoisses de la peur, angoisses qui se trahissent par des contorsions et des grimaces que le public, fort peu tendre à leur endroit, accueille avec des sifflets et des éclats de rire. Malgré la sévérité de leurs vêtements noirs, ces pauvres diables sont les gracieux, les niais et les paillasses de cette sanglante comédie.

Les courses royales offrent cette particularité qu'on y voit des *caballeros en plaza*, c'est-à-dire des gens de bonne famille, qui ne sont pas *toreros* de profession et paraissent cette fois seulement dans l'arène; ils combattent à cheval, et ont pour arme le *rejoncillo*, espèce de lance à fer aigu, à hampe fragile qui se brise dans le choc. Les caballeros en place sont patronnés par les plus grands seigneurs, qui font des dépenses folles pour les équiper eux et leur suite.—Le désir de montrer leur adresse et leur courage, l'espoir d'obtenir la pension de 8,000 réaux et le grade d'écuyers de la Reine, déterminent les champions qui n'ont jamais manqué ; ce sont eux qui, ordinairement, ouvrent la course, et leur présentation se fait avec un luxe et un cérémonial qui méritent une description détaillée.

Le cortége déboucha sur la place par l'arcade de la rue de Tolède dans l'ordre suivant :

Premièrement, une voiture tirée par quatre beaux chevaux bais, avec de magnifiques harnais rouges et des guides blanches; c'était celle du comte d'Altamira en riche habit de cour, et du *caballero en plaza,* son filleul, don Roman Fernandez, habillé de bleu de ciel et de blanc à l'autrichienne ; l'*espada* Jimenès, connu aussi sous le nom d'el Morenillo (le basané), accompagnait la voiture avec sa quadrille, pour défendre et protéger en cas de besoin le filleul de Son Excellence ;

Secondement, un autre carrosse attelé de six chevaux bai clair, harnachés de ponceau, couverts de rubans et de fleurs. Il conduisait le duc d'Abrantès en habit de *maestrante* de Séville, et son protégé don Antonio Miguel Romero, en costume de l'époque de Philippe IV, cape et pourpoint de velours vert, avec des crevés et des ornements blancs, bottes et culottes de peau, épée et éperons dorés. José Redondo, plus populaire sous le sobriquet d'*el Chiclanero*, marchait à côté, suivi de sa quadrille;

Troisièmement, la voiture du duc de Medina-Celi : six admirables chevaux noirs, harnachés de blanc, pomponnés de roses et de fleurs, traînaient en piaffant le duc et son *caballero en plaza* don Nicolas Cabanas, vêtu de bleu et de blanc. Juan Léon et sa quadrille venaient en ordre derrière le brillant équipage;

Quatrièmement, une voiture de

forme élégante et bizarre, à la vieille mode, où deux personnes seulement peuvent prendre place; ce vis-à-vis, tiré par six superbes chevaux bais, empanachés de rouge, conduisait le duc d'Ossuna, et son filleul don Federico Varela y Ulloa, en habit incarnadin; l'illustre, le grand Montès et sa quadrille entouraient la voiture.

Les quatre équipages vinrent successivement s'arrêter sous le balcon de la Reine. Les *caballeros en plaza* descendirent avec leurs parrains et, suivant la coutume, fléchirent le genou devant Sa Majesté, et lui demandèrent la permission de combattre; puis ils remontèrent dans leurs carrosses, qui firent lestement le tour de l'arène, pour regagner la porte par où ils étaient entrés. Vingt-huit chevaux de bonne mine, et la plupart fringants, conduits en main par des valets de la Maison Royale, aux livrées raides d'or, venaient derrière les voitures sur une seule file. C'étaient les montures destinées aux chevaliers *rejoncadores* (qui plantent la lance). Sept portaient des selles bleues, sept des selles vertes, sept des selles paille, sept des selles roses en satin piqué, d'une fraîcheur et d'une richesse éblouissantes. Il y avait loin de ces nobles coursiers, sortis des écuries de la Reine, aux pauvres rosses vouées à l'éventrement infaillible des courses ordinaires. Avec eux on ne devait pas craindre une de ces hécatombes chevalines qui paraissent avoir pour but d'apaiser d'avance les mânes du taureau sacrifié par l'homme; ils avaient des jarrets pour résister au choc ou s'y dérober par la fuite.

Parmi ces vingt-huit chevaux on en choisit quatre pour les *caballeros en plaza* qui, au bout de quelques minutes, trouvées fort longues par le public impatient, reparurent à cheval dans l'arène, précédés de deux files de piqueurs vêtus du pourpoint à la Schomberg, de sept rois d'armes, de pages et d'écuyers, et de tout un monde de comparses richement habillés ; c'est un spectacle singulier et qui pousse à la rêverie de voir les formes et les couleurs des âges écoulés vivre et fourmiller à la pure lumière du soleil. Ce mélange de travestissements et de réalité étonne plus qu'on ne saurait dire ; on cherche involontairement la rampe et les coulisses, et l'on est tout surpris de voir cette fantasmagorie encadrée dans les objets les plus réels.

A la suite, marchaient les quadrilles des *toreros*, la première vert et argent, la seconde bleu et argent, la troisième marron et or, la quatrième incarnat et argent; au lieu de la coquette *montera* qu'ils portent habituellement, les *toreros* étaient coiffés de l'ancien chapeau espagnol en demi-lune et à deux cornes, comme on en trouve dans les caprices à la manière noire du peintre Goya. Ce chapeau, quoique d'une étiquette plus rigoureuse et d'une tenue plus correcte, ne nous paraît pas à beaucoup près valoir ce joli bonnet chargé de nœuds et de pompons que l'*Espada* jetait si crânement par-dessus les moulins au moment de jouer son va-tout.

Douze *picadores* rangés trois par trois, et assortis aux couleurs de la quadrille dont ils faisaient partie, par les nuances et les broderies de leurs vestes et de leurs selles, fermaient le cortége. Nommer *Gallardo, Munoz, Romero, Lerma,* c'est dire que les plus illustres maîtres en l'art difficile de piquer se trouvaient là. Hélas ! tu manquais à la troupe, herculéen Sevilla, dont l'œil étincelant, la figure basanée et la jovialité héroïque nous ont si profondément impressionné autrefois. La lance s'est échappée de ta vaillante main, et la maladie t'a terrassé, toi qui faisais asseoir les taureaux sur leurs jarrets!

ton nom est maintenant inscrit parmi ceux des célébrités de la tauromachie, sur les écussons bleus du cirque d'Alcala, entre ceux de Pepeillo, de Romero, et des héros du genre. Si l'on conserve, dans l'autre monde, quelque souvenir de celui-ci, tes grands os ont dû tressaillir dans la tombe, du regret de ne pouvoir assister à cette course et y faire quelques-uns de ces beaux coups qui soulevaient des transports d'enthousiasme !

L'arrière-garde était formée par des attelages de mules, toutes folles de pompons et de grelots, destinés à traîner au *matadero* les corps des bêtes mortes. Des palefreniers en veste et en culotte de velours bleu, en bas blancs, en escarpins et en chapeau à cornes, les contenaient à grand'peine.

Toutes ces formalités accomplies, le cortége se retira, et il ne resta dans la place que les combattants et les gens indispensables.

Parmi les quatre gentilshommes, deux paraissaient assez médiocres écuyers et luttaient contre la fougue de leur monture avec plus ou moins de bonheur; même l'un d'eux, le champion du duc de Medina-Celi, avait été désarçonné et obligé d'aller faire à pied son salut au balcon royal; don Miguel Romero, par son assurance modeste et la grâce avec laquelle il maniait son cheval, paraissait réunir le plus de chances, et si la mode anglaise des paris avait gagné l'Espagne comme la France, les gros enjeux eussent été de son côté.

... Les caballeros étaient à leur poste, le *rejoncillo* à la main, ayant chacun à côté d'eux l'espada qui devait leur ménager les coups et les défendre en cas de péril... Une attente anxieuse oppressait les poitrines de trente mille spectateurs.

Enfin la clef du toril, attachée à une magnifique touffe de rubans, fut jetée du balcon de la Reine à l'alguazil, qui l'alla porter au mozo de service.

L'orchestre sonna une fanfare éclatante; soixante mille yeux se tournèrent simultanément du même côté : la plus jolie femme du monde, au moyen de la plus suprême coquetterie, n'aurait pu obtenir un regard dans ce moment-là.

Les lourdes portes du toril se renversèrent, et il en sortit.... deux ou trois bouffées de colombes blanches qui s'éparpillèrent tout effarées comme des duvets emportés par le vent.

Autrefois aussi, en France, au sacre des rois, on lâchait des centaines d'oiseaux, qui voltigeaient sous les voûtes de la cathédrale et finissaient par se brûler les ailes aux cierges de l'autel.

Ce mélange de tendresse et de barbarie, qui fait ouvrir la cage des colombes pour la liberté, et la cage des taureaux pour la mort, forme un contraste assez bizarre et plus naturel qu'on ne pense.

Le taureau hésitait à sauter de l'obscurité de sa caverne dans la pleine lumière du cirque. Un chapeau jeté devant la porte le décida.

C'était un taureau noir de Mazpule, portant sur l'épaule une splendide *divisa* blanche, bordée d'argent. — La *divisa,* nos lecteurs le savent sans doute, est un nœud de rubans fixé dans le cuir du taureau par une aiguillette, et dont la couleur sert à désigner la *vacada* ou pâturage dont il sort ; on compte, parmi les nourrisseurs, les plus grands noms d'Espagne. — Les courses de taureaux rendent les plus grands services à l'agriculture et à l'élève des bestiaux; car on aurait tort de croire que tout taureau soit propre au combat : il faut pour cela autant de qualités qu'on en exige d'un cheval de course, et un troupeau tout entier fournit à peine trois ou quatre sujets dignes de paraître dans l'arène; des efforts faits par les éleveurs pour atteindre la perfection idéale du taureau de place, il résulte une rare pureté de sang et des races magnifiques. — Aussi est-il fréquent de voir des bœufs de trait d'une beauté merveilleuse et qu'on croirait détachés des bas-reliefs grecs, tant ils ont une physionomie homérique et grandiose.

Ce brave taureau fondit fort délibérément sur les cavaliers de place ; le señor Romero lui brisa dans le corps trois *rejoncillos*, et eut son cheval blessé ; le señor Varela rompit aussi une lance, et l'animal tomba mort d'un coup de pointe.

Les portes du *matadero* s'ouvrirent et l'attelage des mules arriva en piaffant, en se cabrant, enlevant de terre les groupes de palfreniers suspendus à leurs licous. Ce ne fut pas une médiocre besogne de les faire assez approcher du taureau mort pour lui jeter le grapin.

Le second, de couleur marron tirant sur le noir, avec une *divisa* rouge et blanche, appartenant aux seigneurs-ducs, était sournois et timide; don Miguel Romero lui porta neuf coups de lance avec beaucoup d'adresse, et le señor Varela deux, et comme il ne mourait pas, Léon l'acheva d'une estocade; d'un *mete y saca*, comme on dit en Espagne, donné sans préparation aucune.

Le troisième, à la *divisa* verte et blanche, d'Utrera, la patrie des bons taureaux, se précipita dans l'arène avec une impétuosité de bon augure; mais il avait affaire à un rude champion, et l'ex-lieutenant du régiment de Marie-Christine lui fit bien voir que, bien qu'il ne fût pas torero de profession, il n'en était pas moins redoutable.

Ce taureau, sans s'effrayer des deux coups de rejoncillo qu'il avait déjà reçus, l'un de Romero, l'autre de Varela, fondit sur le premier tête baissée, passa les cornes sous le poitrail du cheval, lui fit quitter terre, et le renversa sur le dos par-dessus son cavalier.

Il y eut là un moment d'indicible épouvante et d'effroi suprême, tout le monde crut le brave Romero écrasé sous le poids de sa monture. — La belle tête pâle du Chiclanero devint livide, et avec la promptitude de l'éclair, tout l'essaim des banderilleros, éparpillé dans la place, se concentra sur le même point. Vingt capes roses, jaunes, bleues, furent agitées pour distraire le taureau, et déjà les femmes portaient le mouchoir à leurs yeux, lorsqu'il arriva une chose merveilleuse, un coup de théâtre à désespérer les dramaturges.

Le cheval, qu'on croyait éventré, se releva avec son cavalier en selle; Romero, bien loin d'être écrasé, n'avait pas même perdu les étriers.

Alors il s'éleva des *tendidos*, des galeries, des balcons, des entablements, des toits, un hourra d'acclamations, immense, universel, prodigieux; une seule voix jaillissant de trente mille poitrines! Quelle torrent de volupté doit inonder le cœur d'un homme qui se sent applaudir ainsi ! Les spectateurs, juchés sur les combles les plus éloignés, répondirent à ce tonnerre comme un écho, et au risque de se précipiter, se penchèrent encore davantage pour pouvoir saisir quelque profil du héros de la course. Mais ce n'était rien encore.

Le taureau qui s'était éloigné à la poursuite de quelque *chulo*, fit sept ou huit pas vers le cheval, s'arrêta, remua deux ou trois fois la tête d'un air songeur, agita par un froncement de peau le fragment de rejoncillo implanté dans son épaule, s'envoya un peu de terre sous le ventre et parut vouloir recommencer l'attaque; mais subitement, et sans que rien pût faire prévoir un tel dénoûment, il tourna sur lui-même et roula les quatre sabots en l'air en poussant un sourd beuglement. Il était mort.

Romero, en tombant, lui avait enfoncé sa lance jusqu'au cœur, à l'endroit qu'en Espagne on appelle la *cruz,* et qui se trouve au bout de la raie du dos, à la naissance du cou, entre les deux omoplates.

Quand la foule eut compris ce coup miraculeux, à l'enthousiasme succéda la frénésie; des tonnerres d'applaudissements, des ouragans de bravos éclatèrent de toutes parts avec une furie inimaginable; c'étaient des cris, des hurlements, un tumulte à devenir sourd. Ces manifestations paraissant encore trop froides, chacun jetait dans l'arène ce qu'il avait à la main, son chapeau, son éventail, sa lorgnette, son mouchoir, son bouquet, sa boîte à pastilles.

Alexandre Dumas lança un porte-cigare de 1,000 fr., à ce que dirent le lendemain les journaux.

C'étaient une rage, un délire, un vertige; les reines, les infantes, les princes, les grands dignitaires, tout l'Olympe du balcon royal, malgré l'étiquette, s'émurent comme de simples mortels. Le duc d'Aumale surtout battait des mains avec fureur.

Sur les cordes des barrières, sur le fer des balcons, sortant le corps plus qu'à moitié, au mépris des lois de la statique, se penchaient une foule d'individus de tout âge et de toute condition, se démenant comme des possédés, agitant les bras, faisant mille contorsions extravagantes en criant : *Bien, bien,* Romero ! Ce *bien* aurait besoin d'une notation particulière pour en faire comprendre toute la valeur. Les Espagnols y mettent un accent tout spécial, et dans leur bouche ce monosyllabe acquiert une intensité d'approbation inconcevable : d'autres, tâchant de détacher leur interjection admirative de la masse du vacarme général, extrayaient de leurs poumons toute la force de bruit possible ; mais on n'entendait sortir aucun son de leurs bouches ouvertes, la tempête universelle éteignait tous les petits bacchanals particuliers.

Quelle sensation puissante devait étreindre en ce moment l'âme du héros, objet de tant d'enthousiasme ! Ah ! de tels applaudissements ne seraient pas payés trop cher au prix de vingt existences, et pour les obtenir on présenterait sa poitrine nue aux cornes de tous les taureaux de l'Andalousie et de la Navarre : Romero était en ce moment le roi de Madrid, tous les cœurs lui appartenaient, et aucune Espagnole n'aurait pu ce soir-là refuser à un si vaillant cavalier le don d'amoureuse merci !

Le calme finit par se rétablir; l'orchestre sonna une fanfare et la porte fut ouverte à un nouveau taureau. L'adroit et valeureux champion du duc d'Abrantès restait seul des quatre gentilshommes. Les autres, à l'exception du señor Varela, n'avaient fait pour ainsi-dire que paraître, et avaient tout de suite été mis hors de combat par des chutes violentes : l'un d'eux était sorti de l'arène chancelant, estropié, s'appuyant sur les *muchachos* de service ; l'autre, emporté sans connaissance par les pieds et la tête, mourut le lendemain : son cheval lui avait écrasé la poitrine.

Un quatrième taureau, de Gaviria, eut bientôt terminé sa carrière : il tomba mort au troisième coup de rejoncillo que lui planta l'héroïque cavalier.

Ne voulant pas laisser plus longtemps don Miguel Antonio Romero, exposé à des dangers que désormais il courait seul, et craignant sans doute qu'excité par l'enthousiasme public il ne se livrât à des actes d'audace outrée et ne fût saisi de la folie du courage, Sa Majesté lui fit dire qu'elle était satisfaite et qu'il pouvait se retirer.

Don Miguel Antonio Romero, après avoir remercié sa gracieuse souveraine, se retira tranquille et frais, comme s'il ne se fût rien passé, s'en alla s'asseoir à un balcon, d'où il regarda tranquillement le reste de cette course à laquelle il avait pris une part si brillante.

Le lendemain, S. A. R. le duc de Montpensier envoyait à don Miguel Romero l'épée qu'il portait le jour de ses noces. La poignée en était d'or curieusement ciselé, relevé d'ornements d'argent d'un goût exquis, avec le chiffre du prince. Le duc d'Abrantès faisait présent à son vaillant filleul d'une magnifique montre d'or, et la Reine le nommait écuyer du palais.

C'était maintenant le tour des *toreros* de profession, et la course retombait dans les errements ordinaires : les *picadores* allèrent se mettre à leur poste, et l'on fit sortir le cinquième taureau, bai clair, de don Elias Gomez, devise bleue et blanche. Il reçut cinq coups de lance et mit un cheval hors de service ; on lui planta une paire de *banderillas* ensemble et deux séparément ; après quoi il fut tué par Juan Jimenès de plusieurs estocades de *volapiés*, les unes sur l'os, les autres portées avec trop de précipitation et à peine entrées. Deux coups de pointe terminèrent son agonie.

Le sixième, de Gaviria, de couleur foncée, ne se jetait pas sur les obstacles aussi aveuglément que les autres; il paraissait réfléchir, et, avant de donner son coup de corne, restait quelquefois comme en contemplation devant le *picador*, ce qui ne l'empêcha pas d'éventrer deux chevaux et d'envoyer à plusieurs reprises les pesants cavaliers mouler leurs corps en creux dans le sable lorsqu'ils ne se rattrapaient pas assez vite avec les mains au rebord des *tablas*. Montès, le grand Montès, que cette solennelle occasion avait appelé dans l'arène, bien qu'il soit riche et marié et retiré du cirque, fit avec ce taureau ce manége de cape où nul *torero* ne l'a surpassé. Il faut voir l'aisance suprême de Montès, agitant son manteau sur le mufle de la bête furieuse, lui entourant les cornes comme d'un turban, et faisant tourbillonner de mille manières les plis éclatants du taffetas; puis, lorsque le monstre exaspéré se précipite sur lui, se drapant de la façon la plus majestueuse et l'évitant par un imperceptible mouvement de corps.

Trois paires de *banderillas* furent posées à ce taureau avec beaucoup de hardiesse et de dextérité. En les secouant pour s'en débarrasser, le pauvre animal fit envoler un nuage de petits oiseaux contenus dans un mince filet attaché à la baguette de la *banderilla*, et disposé de manière à ce que les mailles se rompent au moindre choc, ou soient tranchées par le fer de l'hameçon lorsqu'on enfonce la baguette. Ces recherches n'ont lieu qu'aux grandes occasions. Les hampes des *banderillas* ne sont habituellement garnies que de découpures de papier; cette fois, pour plus de galanterie, les oiseaux portaient nouées au cou des faveurs aux couleurs d'Espagne, jaune et rouge. D'autres *banderillas* étaient garnies de fleurs et de feuillages, de sorte qu'on aurait pris les taureaux ainsi guirlandés pour les victimes d'un sacrifice antique.

On sonna la mort, et Montès s'avança l'épée d'une main et la *muleta* de l'autre; la *muleta*, comme chacun sait, est un morceau d'étoffe écarlate fixée sur un bâton transversal et qui sert au *matador* à détourner l'attention de son adversaire cornu : l'épée à deux tranchants, longue, forte, flexible, est choisie parmi les meilleures lames de Tolède, qui a encore le secret de la bonne trempe : la poignée affecte une forme spéciale, et, comme on dit, ne serait pas à la main pour tout autre genre d'exercice ; elle se termine par une boule de cuivre qui s'appuie à l'intérieur de la paume et permet au *torero* de pousser son estocade à fond en pesant de tout son poids sur la garde de l'épée.

D'un coup plongé de haut et de la perfection la plus classique, Montès dépêcha l'animal avec cette *maestria* qui n'appartient qu'à lui. Pas d'effort, pas de violence, rien qui indique la crainte ou fasse sentir le péril ; il semble, quand on voit Montès à l'œuvre, que rien n'est plus facile à tuer qu'un taureau ; l'épée entre dans ce corps comme dans du beurre. La plaie est fermée si exactement par la lame, et la place si bien choisie, qu'il n'y a pas une goutte de sang répandue et que la mort arrive avant l'agonie. Nous ne savons pas ce que pouvaient être José Candido, Costillarès, Delgado, Juan Conde, Pedro Romero, el Americano, et toutes les anciennes célébrités du cirque, au temps où la tauromachie était à son plus haut point de splendeur ; mais nous doutons que jamais *espada* ait en plus de sang-froid, d'adresse et de grâce virile dans l'exercice de sa dangereuse profession que le grand Montès de Chiclana, le *jamais assez vanté* Montès, comme disent les Espagnols.

Il fut applaudi à outrance et reçut les bravos avec une modestie fière, comme quelqu'un qui y est habitué et sait qu'il les mérite.

Le septième, de Lizaso, franc et clair dans ses allures, *prit* cinq coups de lance, pour nous servir de l'argot tauromachique, et fut *capéé* fort gracieusement par Arjona ; après qu'on lui eut posé trois paires de *banderillas*, il tomba comme foudroyé par un coup d'épée du même Arjona : coup qui n'est pas dans les règles et que proscrivent les puristes, mais qui n'en produit pas moins un très-grand effet. Tuer un taureau de la sorte s'appelle *atronar*, la pointe de l'épée pénètre dans le cervelet et cause une mort instantanée ; l'endroit où il faut frapper n'est guère plus large qu'une pièce de trente sous : pour notre part, nous nous joignons aux *aficionados* romantiques, et nous n'avons pas le courage de blâmer cette brillante, mais irrégulière estocade.

Le huitième, bigarré de couleur, poltron de caractère, ne put se décider à l'attaque. Vainement les *pica-*

dores, s'avançant vers lui, le *citaient,* en élevant la lance et en clappant de la langue, il tournait la tête de l'autre côté et paraissait regretter ses pâturages ; sentiment bien naturel, mais qui n'attendrissait pas beaucoup le public; car on demanda de toutes parts les *banderillas de fuego.* Les détonations de ces feux d'artifice qui lui éclataient aux oreilles lui firent exécuter d'abord quelques cabrioles, puis il retomba dans sa torpeur et reçut la mort comme un lâche des mains de Martin, qui fut obligé de lui porter cinq ou six coups, tant il se présentait mal.

Pendant que l'attelage des mules

entraînait cette charogne, les *banderillas de fuego* qui n'avaient pu servir, et qu'on avaient fichées en terre par la pointe, détonnaient et faisaient long feu avec des crépitations bizarres.

Tout occupé que nous étions de l'appréciation de nos gladiateurs mugissants, nous avons un peu négligé nos braves alguazils, plantés devant le balcon de la Reine, et exposés à tous les périls des *toreros* sans avoir leurs moyens de défense. Cette fête, si courte pour tous, dût leur paraître bien longue. — Cette file d'hommes noirs, à cheval, immobiles dans la place, préoccupait visiblement les taureaux, et l'endroit qu'elle occupait était devenu comme une espèce de *querencia* où ils revenaient toujours : les *chulos*, encouragés par les rires du peuple, ne se faisaient d'ailleurs pas faute d'amener les bêtes féroces de ce côté, sauf à les distraire au moment opportun. Le neuvième taureau, de Gaviria, courageux et léger, fondit sur la noire troupe, s'acharna à la poursuite d'un pauvre diable d'alguazil, médiocre écuyer, et donna à son cheval le coup de corne le plus ridicule du monde, de sorte qu'au lieu d'être plaint, le pauvre homme fut hué et sifflé. Ce même taureau se précipita sur les hallebardiers, qui baissèrent aussitôt leurs armes, avec tant de furie, qu'il rompit une hampe et emporta un fer de hallebarde dans le poitrail. Le *chulo* qu'il pourchassait s'était vivement faufilé entre les jambes des soldats, n'ayant pas eu le temps de regagner les *tablas*. Jose Redondo, ou le Chiclanero, car il est plus populaire sous ce nom, dépêcha ce terrible animal d'une estocade à la croix, portée dans toutes les règles, et digne de l'excellente école de Montès, dont il est l'élève et le neveu, si même il ne lui tient pas par des nœuds plus resserrés.

Le crépuscule baignait déjà la place, lorsque sortit le dixième taureau, de Mazpule, — taureau de *sentido*, comme l'autre, c'est-à-dire ne se laissant pas amuser par la *cape* en tirant droit au but, et par conséquent fort dangereux. Léon le tua de deux coups d'épée, l'un mauvais, et l'autre bon.

Il faisait presque nuit quand on lâcha le onzième et le douzième taureau; les objets avaient perdu leur couleur, et ce combat dans l'ombre prenait un caractère singulier et sinistre. On voyait vaguement onduler un dos monstrueux entouré de silhouettes noires. Nous ne pourrions donc donner aucun détail sur leurs prouesses obscures.

Les mules sortirent pour la dernière fois, et entraînèrent les corps des victimes achevées par le *cachetero*.

Tout le temps de la course, nous avions été préoccupé d'un détail puéril et bizarre : chaque cadavre de taureau ou de cheval traîné par les mules, traçait sur le sable une traînée parabolique, partant d'une mare de sang et aboutissant à la porte du *matadero*, que nous ne saurions mieux comparer qu'à ces courbes décrites en l'air par le vol des bombes dans les gravures des villes assiégées. A la fin du combat, ces raies, de plus en plus nombreuses, formaient comme une espèce de bouquet de feu d'artifice sanglant, bien digne de terminer la *corrida de toros de corte!*

Aussitôt que les portes du *matadero* se furent fermées sur le dernier cadavre, les spectateurs envahirent l'arène, et ce grand espace vide, et blanc tout-à-l'heure, devint noir en une minute sous le fourmillement compacte de la foule.

Les sept cents torches de cire fichées sur les candélabres de bois attachés aux balcons s'allumèrent comme par enchantement, et formèrent un coup d'œil vraiment magique.

En Espagne, les illuminations se

font toujours avec des torches de cire et des verres de couleur; l'ignoble lampion y est heureusement inconnu. Il faut la stupide routine de notre prétendue civilisation pour faire brûler dans les jardins royaux, sous prétexte de réjouissance, ces dégoûtantes terrines de cambouis infect qui ne dégagent qu'une clarté louche et rougeâtre au milieu de flots de fumée noire. Singulière façon de célébrer un événement heureux que de s'empoisonner à faire fondre du suif sur des ifs bituminés de suie!

Le lendemain, la course recommença sur les dix heures du matin. Nous aimions ce combat au saut du lit, en négligé et d'une familiarité tout intime. Les spectateurs causaient avec les *chulos* à califourchon sur le rebord des *tablas*, et comme la grandeur de la place et le nombre des combattants diminuaient de beaucoup le péril, des groupes de *toreros* inoccupés se tenaient sur l'étrier de la barrière, et devisaient en se chauffant au soleil ; car, bien que le temps fût clair, il soufflait une petite brise assez aigre.

Rien n'était plus joli que de voir scintiller sous le rayon, dans cet angle lumineux, les paillettes et les broderies des costumes. Les couleurs tendres des capes prenaient des nuances charmantes : — quel dommage qu'il n'y eût pas là un Goya avec sa palette !

De temps en temps le taureau venait interrompre la conversation, et le groupe bigarré se dispersait comme un essaim de papillons.

La forme quadrangulaire est moins

favorable que la forme ronde aux luttes tauromachiques : — une place trop vaste ne convient pas. Les animaux se fatiguent en voyages, il est plus difficile de les amener près des *picadores;* leur attention éparpillée se détourne aisément; ils vont de ci, de là, ils s'essoufflent et s'alourdissent. Le risque est presque nul pour les hommes qui gagnent au pied et ne peuvent être rejoints par une bête *aplomada.* — Les détails du combat, vus d'une trop grande distance, perdent aussi beaucoup de leur dramatique; on ne saisit plus le jeu des physionomies, et, s'il faut le dire, on ne discerne plus les blessures;

partant, l'intérêt et la terreur sont bien moindres.

Pour les courses ordinaires, la plaza Mayor ne vaut pas le cirque de la porte d'Alcala, bien qu'elle se prête à merveille aux développements des cortéges et à la pompe des fêtes royales.

Cependant, malgré le sans-gêne de cette course matinale, une douzaine de taureaux furent expédiés, et une quinzaine de chevaux éventrés le plus galamment du monde.

A la course de l'après-midi, il y eut encore des *caballeros en plaza*, mais présentés cette fois par la ville, sous le patronage du duc de Veraguas, corrégidor de Madrid. Le cérémonial fut à peu près le même que la veille; seulement, les carrosses n'avaient que quatre chevaux, et les cavaliers ne parurent que pour la forme; après avoir rompu un ou deux *rejoncillos*, ils se retirèrent, et la course eut lieu comme d'habitude.

Nous ne recommencerons pas la description minutieuse des *suertes* et des *cogidas* de cette *corrida*, nous craindrions d'ennuyer nos lecteurs. — Les taureaux sont un spectacle monotone à décrire; rien n'est plus simple et plus primitif que ce divertissement. Le sujet est la vie et la mort; — l'intérêt du drame, de savoir qui sera tué de l'homme ou de l'animal féroce. — La pièce est invariablement divisée en trois actes, qui pourraient s'intituler : La lance, la bandérille et l'épée. Mais cela suffit pour tenir haletants des milliers de spectateurs pendant des journées entières.

Le surlendemain, qui était le troisième jour, le temps, d'incertain devint tout-à-fait mauvais, et nous eûmes le spectacle divertissant et singulier d'une course pendant la pluie.

En Espagne, dès que la course est commencée, rien ne peut l'interrompre. Les cataractes du ciel s'ouvriraient, il y aurait un tremblement de terre, que l'on continuerait avec un imperturbable sang-froid.

Des centaines de parapluies se déployèrent sur les *tendidos*, mais personne ne bougea : l'idée de s'en aller ne vint à qui que ce soit. La famille royale elle-même ne quitta pas son balcon, où, malgré l'abri du baldaquin, les rafales de l'averse l'atteignirent plus d'une fois.

Quelques plaisants tendirent des parapluies aux *picadores*, qui attaquèrent le taureau la lance d'une main et le riflard de l'autre. — Rien n'était plus comique.

Luca Blanco, qui devait tuer, avait retiré ses escarpins de peur de glisser sur la terre grasse, et courait en bas de soie et pieds nus dans la boue.

Les taureaux morts, entraînés par les mules et cuirassés de crotte, avaient l'air de masses informes ; les chevaux s'efflanquaient sous la pluie, les costumes déteignaient, tout prenait un aspect risible et piteux

La bonne humeur du peuple ne s'était pas altérée un instant, et se traduisait en plaisanteries de toutes sortes. Une personne, que les parapluies des gens placés devant elle empêchaient de voir, demandait à un voisin mieux situé :

— Que se passe-t-il ?

— On amène les chiens, il y en

a un qui vient de mordre le taureau à l'oreille; voilà les nouvelles les plus fraîches.

Comme il faisait presque nuit, on suspendit la course, pour faire avancer les voitures de la cour. Cette interruption aux plaisirs du peuple fut accueillie par des huées, des sifflets, et un vacarme épouvantable qui ne s'apaisa que lorsque la place fut libre.

Il restait encore deux taureaux; mais, vu l'heure avancée, la pluie de plus en plus forte, et l'obscurité de plus en plus épaisse, on ne les fit pas sortir du *toril*.

Alors commença un chœur formidable d'imprécations et d'injures, dont le refrain obligé était cette phrase chantée sur une mélopée bizarre : *Otro toro, otro toro, otro toro,* modulée dans tous les tons possibles.

Les *toreros* étant partis pendant le tumulte, force fut à ces *aficionados* enragés de se retirer aussi.

— Les *corridas de toros de corte* étaient finies !

Saturé de sang et d'émotions poignantes, nous avions besoin de sensations plus douces et plus idéales; il nous fallait, pour nous reposer de la brutalité du cirque, la sérénité du musée et la contemplation des chefs-d'œuvre de l'art.

Aussi, nous dirigeant du côté du Prado, entrâmes-nous avec un respect religieux dans le beau bâtiment dû à l'architecte Villanueva, dans lequel, chose extraordinaire pour un musée, on voit clair partout. Là, point de catacombes comme à la galerie du Louvre, où de rares fenêtres laissent filtrer un jour avare et qui condamne les admirateurs opiniâtres de certains chefs-d'œuvre à des contorsions de possédés.

Un peintre, qu'on ne peut apprécier qu'en Espagne, c'est Velasquez, le plus grand coloriste du monde après Vecelli. Nous le mettons, pour notre part, bien au-dessus de Murillo, malgré toute la tendresse et la suavité de ce Corrége sévillan. Don Diégo Velasco de Sylva est vraiment le peintre de l'Espagne féodale et chevaleresque. Son art est frère de celui de Calderon, et ne relève en rien de l'antiquité. Sa peinture est romantique dans toute l'acception du mot.

Un de ses plus beaux tableaux est celui connu sous le nom de *las Meninas*. On y voit, à la gauche du spectateur, le peintre, la palette à la main, qui fait le portrait de Philippe IV et de la reine, qu'on aperçoit reflétés dans un miroir placé au fond de la chambre; sur le premier plan, au milieu de la toile, l'infante Doña Marguerite-Marie d'Autriche s'amuse avec ses menines. Les deux nains, Mari Barbola, et Nicolasico Pertusato, placés à droite, tourmentent un grand épagneul favori, qui souffre paties impertinences.

Sur la poitrine du peintre on remarque une croix de commandeur de Calatrava, à propos de laquelle on raconte cette anecdote : Philippe IV, charmé de cette toile, prit un pinceau, en trempa la pointe dans le cinabre étalé sur la palette de l'artiste, et de sa main royale traça cet insigne honorifique, disant que c'était la dernière touche à mettre au tableau. Manière délicate et charmante de récompenser un grand artiste !

Jamais illustration ne fut plus méritée, car Velasquez peut à bon droit se nommer le Titien espagnol.

Quelle fierté de pinceau, quelle largeur et quelle facilité de gentilhomme, sûr de sa race et de son talent ! tout est fait au premier coup, et étudié comme si chaque touche eût coûté un jour de méditation. Comme il excelle à rendre les armures damasquinées où, sur l'acier, noir, glisse une lame de lumière blanche; les figures mâles et caractéristiques, les tournures cambrées, les poings sur les hanches, les grands airs de l'aristocratie féodale, les genets au profil busqué, les nains jouant avec les lévriers et les perroquets; tout ce monde royal que personne n'a compris comme lui !

Par un singulier privilége du génie, ce grand artiste, familier des rois, a peint la dégradation de la vieillesse et de la misère, les trivialités de la vie, avec une force et une intensité dont Ribera pourrait être jaloux : ses mendiants valent ses rois, et ses pauvresses ses infantes.

Cet homme d'une si haute aristocratie, peintre ordinaire des rois, des reines et des infantes, devant qui posèrent si complaisamment Philippe III, Philippe IV, Isabelle de Bourbon, Marguerite et Marie-Anne d'Autriche, le prince don Balthazar Carlos, le comte duc d'Olivarès et tous les grands personnages de l'époque; ce Vénitien de Séville, si habile à écraser le velours, à faire miroiter la soie, à brunir les armures, à roussir l'or dans la fournaise ardente de son coloris, à nouer des rosettes de rubans roses et des tresses de perles aux tempes des jeunes infantes, à faire ruisseler la dentelle, la batiste et la guipure par les crevés des manches de satin, manie la boue et la fange sans dégoût, avec amour, comme s'il n'avait pas de délicates mains blanches, où se dessinent des veines gonflées par le sang d'azur des races nobles!

La société des gueux, des mendiants, des voleurs, des philosophes, des ivrognes et des misérables de toute nature dont se compose le monde fourmillant de la Bohême, ne lui répugne en aucune manière. Les peintres espagnols ont tous d'ailleurs, à différents degrés, ce robuste amour de la vérité, que rien ne révolte et qui ne recule pas devant le réalisme le plus cruel.

Il faut voir quels affreux drôles, bronzés du hâle, bituminés par la misère, ridés, chassieux, lippus, peuplent ces noires toiles d'une brutalité sublime, d'une laideur idéale.

Quels haillons superbement déchiquetés, et quelle fierté dans ces lambeaux grouillants ! Dans quel *Rastro* Velasquez a-t-il trouvé de semblables guenilles? don César de Bazan lui-même, avec sa cape en dents de scie et ses bas en spirale, est un seigneur triomphant et superbe à côté de ces gaillards-là.

Regardez un peu, s'il vous plaît, ce gueux désigné, on sait trop pourquoi, sous le nom d'Esope; il paraît à son accoutrement que, dans les idées de Velasquez, l'état de fabuliste ne devait guère être lucratif. Un sac grossier à qui un torchon sert de ceinture enveloppe son torse noueux et difforme comme un tronc de chêne; sa main rugueuse, plissée aux articulations, se ferme sur un livre couvert d'un parchemin rance, graisseux, sordide, glacé par le pouce de lecteurs à qui l'usage de l'eau est inconnu : c'est affreux et c'est admirable; toutes les richesses de l'art resplendissent sur cet immonde coquin; cette crasse, c'est de l'or et de l'ambre en fusion; ces loques valent la pourpre impériale, toutes ces ordures ont un prix inestimable. Dans ce masque monstrueux plaqué de tons violents, la vie éclate avec une force incroyable. Ces yeux enfouis sous un sourcil en broussaille, noyés dans des pattes d'oie de rides, ont le regard; cette bouche égueulée a le souffle; l'air passe dans cette barbe embrouillée et ces cheveux incultes.

Un des chefs-d'œuvre de Velasquez en ce genre, c'est le tableau des *Borrachos* (ivrognes).

Au centre, on voit au milieu des buveurs un drôle à moitié nu, que le peintre a chargé de représenter Bacchus; il est assis sur un tonneau, trône chancelant du dieu des ivrognes. Une couronne de pampres ceint sa tête et, trop large, lui tombe presque sur les yeux.— Devant le sacro-saint tonneau est agenouillé un buveur à qui le dieu confère quelque éminente dignité dans la confrérie de la Dive Bouteille, en lui cerclant le front d'une branche de lierre. L'air de componction et de gravité du vénérable soulard est admirable; les autres, plus ou moins ivres-morts, applaudissent avec un enthousiasme hébété; ils clignent lourdement leurs yeux avinés, ils tâchent de se redresser sur leurs jambes qui flageolent, et s'affaissent comme ces outres à moitié pleines que l'on veut faire tenir debout dans un coin.

Il règne dans cette toile une ivresse naïve, une joie grossière d'orgie soldatesque merveilleusement rendues. Comme ils sont heureux d'un bonheur stupide, comme ils rient bêtement de leurs grosses lèvres épaissies par la débauche ! quelle richesse et quelle solidité de ton, quelle pâte opulente et grasse, quelle touche large et magistrale ! la peinture ne peut aller plus loin.

Citons encore la *Reddition de Breda*, où se pavanent les cavaliers les plus fièrement campés ; les *Forges de Vulcain*, où le dieu forgeron ne reçoit peut-être pas avec toute la majesté olympienne désirable l'annonce de son infortune conjugale ; mais où brillent des chairs merveilleusement peintes ; et différents tableaux de sainteté dont la description particulière nous mènerait trop loin. — Mentionnons en passant différentes esquisses de paysage mêlées d'architecture et représentant des points de vue, des sites royaux ou de simples fantaisies pittoresques, traités avec une liberté de brosse et une puissance d'effet extraordinaires, car ce grand homme fait tous les genres avec la même supériorité.

L'école espagnole peut se résumer en quatre peintres : Velasquez, Murillo, Ribera et Zurbaran.

Velasquez représente le côté aristocratique et chevaleresque ; Murillo, la dévotion tendre et coquette, l'ascétisme voluptueux, les Vierges roses et blanches; Ribera, le côté sanguinaire et farouche, le côté de l'inquisition, des combats de taureaux et des bandits; Zurbaran, les mortifications du cloître, l'aspect cadavéreux et monacal, le stoïcisme effroyable des martyrs. Que Velasquez vous peigne une infante, Murillo une Vierge, Ribera un bourreau, Zurbaran un moine, et vous avez toute l'Espagne d'alors; moins les pauvres, dont tous les quatre excellent à rendre les haillons et la vermine.

Bartolomé-Esteban Murillo, né à Séville en 1618, fut disciple de Juan del Castillo, et se perfectionna ensuite à Madrid en étudiant les tableaux classiques du palais royal. Il eut trois manières distinctes, mais non pas assez différentes pour que son originalité ne soit pas toujours aisément reconnaissable; on distingue ses tableaux en froids, chauds et vaporeux. C'est un adorable peintre que Murillo, malgré quelques afféteries et quelques négligences; jamais coloris plus suave, plus moelleux, plus fondu, n'a enveloppé formes plus souples et plus aisément modelées : comme il sait épanouir dans le ciel des collerettes de chérubins, et frotter d'un rose charmant ces faces rebondies et ces petits talons enfantins ! quels gris de perle doucement argentés il trouve sur sa palette pour ombrer les têtes de madones, et quelles rougeurs pudibondes pour ces joues que colore l'annonce de l'ange Gabriel! impossible d'idéaliser avec plus de grâce le type des femmes de Séville; tout le charme de la beauté espagnole brille dans ces toiles adorables.

Il y a là une *Annonciation*, qui est une chose ravissante, et une *Sainte Famille* qui, dans un autre genre, peut se soutenir à côté de celles du peintre d'Urbin.

Saint Joseph assis tient l'Enfant Jésus affectueusement embrassé. Celui-ci, portant un chardonneret sur le doigt, joue avec un petit chien qui guette le moment de saisir l'oiseau ; la Sainte Vierge, suspendant son travail, contemple avec un sourire céleste cette scène innocente.

Murillo a le secret de la puérilité divine ; il sait conserver à l'enfant qui sourit et qui se joue le regard illuminé, l'éclair prophétique; nul mieux que lui n'allonge en rayons les boucles blondes, et ne fait plus naturellement prendre racine à l'auréole dans une tête frisée.

Bien qu'il se plaise à peindre les enfants et les femmes, il ne faudrait pas croire pour cela qu'il est incapable de rendre les natures mâles et les scènes vigoureuses ou même terribles.

Du petit Jésus il peut en faire un Christ, de l'enfant rose un cadavre bleuâtre étiré sur la croix, avec la bouche violette, béante, dans le flanc, les longs filets écarlates qui rayent la blancheur exangue du corps; ses jolis ciels pleins d'azur et de nuages nacrés s'emplissent de ténèbres et d'éclairs sinistres; ses saints, aux regards noyés d'extases, il peut les décharner, les jaunir, les verdir, les rendre effrayants, comme le Saint Bonaventure qu'on voit à Paris, revenant achever ses Mémoires après sa mort, ou comme le Saint Jean-de-Dieu de Séville, portant un cadavre alourdi par le diable.

Le tableau de saint François d'Assise, présentant à la Vierge et à l'Enfant Jésus qui lui apparaissent dans une gloire, entourés d'un nimbe de chérubins, les roses blanches et rouges sorties miraculeusement des épines dont il s'était flagellé pendant l'hiver, offre ce mélange de réalité et d'idéal qui forme l'originalité de Murillo. Le saint drapé dans son froc, l'autel et tous ses accessoires sont peints avec une fidélité naïve, un accent de nature qui fait ressortir admirablement la partie supérieure du tableau illuminé d'un jour surnaturel, baignée d'effluve rayonnants et nageant dans cette lumière argentée que Murillo fait jaillir sans effort de sa palette harmonieuse.

La *Conversion de saint Paul* est une composition très-dramatique : le capitaine renversé de son cheval blanc, dans une pose pleine de mouvement et de caractère, tend les bras vers le ciel, dont la splendeur cause son aveuglement momentané. Dans ce ciel, d'un éclat éblouissant, apparaît le Christ avec sa croix. Les soldats épouvantés se dispersent de côté et d'autre ; cela est peint avec un feu et une force étonnants.

Il y a encore de Murillo, au musée de Madrid, une suite de petits tableaux représentant les diverses phases de la vie de l'Enfant prodigue : *l'Enfant prodigue recevant sa légitime de son père; délaissant la maison paternelle; s'abandonnant au libertinage, et mangeant en compagnie de ses concubines; agenouillé dans un champ au milieu d'un troupeau de cochons, et demandant pardon de ses fautes au Tout-Puissant,* qui sont des perles de sentiment et de couleur.

La *Purisima Concepcion,* le *Saint Augustin, archevêque d'Hippone,* la *Vierge enfant,* prenant une leçon de sa mère Anne, l'*Eliézer et Rébecca,* et bien d'autres encore attestent le génie et l'inépuisable fécondité de l'artiste qui a couvert des arpents de toiles et laissé sur toutes, même sur les plus négligées, des traces de son inspiration, toujours fidèle ; l'Espagne les compte par milliers : il n'est pas d'église, de palais, de cloître, d'hôpital, de galerie qui n'ait son Murillo; tous ne sont pas de lui sans doute, mais pour quelques-uns de faux, il y en a beaucoup de vrais.

Le Nouveau-Monde ne doit pas être moins riche en productions de ce peintre, car il a commencé par travailler pour les marchands de tableaux de sainteté, qui envoyaient des cargaisons de sujets pieux aux grandes Indes; les églises de Cuba, de la Havane et du Mexique, doivent renfermer plus d'un chef-d'œuvre inconnu; car, dans ces images payées à la toise, le jeune maître, pauvre, ignoré, méprisé de tous comme un barbouilleur, a dû mettre quelques-unes de ses plus fraîches inspirations.

A l'Académie de San-Fernando, il y a trois tableaux merveilleux de Murillo: les deux sujets de la *Légende de sainte Marie des Neiges*, qui sont de forme cintrée, d'un effet très-original et très-pittoresque; puis la *Sainte Elisabeth de Hongrie* lavant la tête d'un teigneux, l'un des chefs-d'œuvre de l'artiste.

Les belles mains royales de la sainte, près du crâne purulent dont elles essuient la sanie, produisent une impression étrange ; plus elles sont blanches, pures, délicates et nobles, plus le crâne est sordide, marbré de plaques noirâtres et damassé de gourmes, plus le triomphe de la charité est grand : dans la charmante figure de la reine penchée vers ces plaies immondes, on distingue le dégoût involontaire de la femme de haut rang, et le dévouement volontaire de la chrétienne. Le cœur de la reine se révolte, mais celui de la sainte palpite à la vue de toutes ces souffrances à soulager

Sur les premiers plans du tableau se tordent des groupes de pauvres accroupis et tendant la main dans tout ce luxe de misère particulier à l'école espagnole. Ces gueux sordides, couverts de loques, forment, avec la sainte Élisabeth et les femmes de sa suite, un de ces contrastes dont Murillo sait tirer un si heureux parti.

Cependant, malgré les richesses de Madrid, c'est à Séville qu'il faut voir Murillo; la cathédrale et l'hôpital de la Charité renferment ses plus divins chefs-d'œuvre : l'*Ange emmenant un jeune enfant en paradis*, le *Saint François d'Assise recevant le petit Jésus dans ses bras*; le *Moïse frap-*

pant le rocher, composition gigantesque; la *Multiplication des pains et des poissons*, le *Saint Jean-de-Dieu*, dont nous avons parlé tout-à-l'heure, sans compter une infinité de Madones et d'Enfants Jésus, thème inépuisable que Murillo rajeunit toujours par quelque effet heureux, par quelque invention naïve et charmante.

Quant à Ribera, le premier tableau de lui, qu'on rencontre dans la galerie, le caractérise tout de suite : c'est un *Martyre de saint Barthélemy;* le saint est aux mains des tourmenteurs : ses nerfs sont tendus à rompre sur le chevalet, et les bourreaux l'entourent, le couteau dans les dents, prêts à commencer leur horrible besogne, dont l'artiste féroce ne nous épargnera aucun détail. — Il est difficile de se faire l'idée d'un pareil acharnement. Jamais Dioclétien, ni les plus farouches proconsuls n'ont trouvé supplices si ingénieusement cruels et d'une horreur si variée.— Avec quel plaisir ce terrible peintre élargit les lèvres des blessures, fait figer le sang en caillots de pourpre, et ruisseler les entrailles en cascades vermeilles; comme il sait meurtrir les chairs, injecter les yeux, faire palpiter les muscles, tressaillir les fibres, panteler les poitrines ouvertes!

Le *Prométhée en proie au vautour* est d'une beauté monstrueuse et formidable qui fait horreur et stupéfie. Ce corps gigantesque, se tordant au milieu des ténèbres rousses du bitume et du vernis jaune, semble avoir été peint par un Titan, élève du Caravage; c'est de la rage, de la frénésie, du délire, un cauchemar de Polyphème ayant mal digéré les compagnons d'Ulysse dévorés à son souper.

Ce vautour, qui a creusé une caverne rouge dans le flanc de la victime de Jupiter, tire avec son bec un bout de boyau qu'il entraîne après lui; détail d'une vérité horrible et sinistrement repoussante. En effet, les oiseaux de proie, lorsqu'ils ont entamé quelque charogne, s'en éloignent en tirant du bec l'écheveau d'entrailles qu'ils dévident ainsi.

Les Christs morts, les martyrs, les supplices, les Madeleines et les saints Jérome au désert, s'arrachant les cheveux et frappant d'une pierre leur poitrine de squelette ; les vieillards croulant de caducité, les mendiants honteusement sordides, tels sont les sujets qu'affectionne Ribera, et qu'il revêt, malgré leur horreur, de la suprême beauté de l'art.

Quel aspect de suaire Zurbaran sait donner aux frocs de ses moines ! comme il engloutit dans le gouffre des capuchons ces têtes émaciées dont on ne voit que les lèvres entr'ouvertes par la prière, et comme il fait sortir de dessous ces effrayantes draperies, où nulle forme humaine ne se dessine, des mains maigres, fluettes, jointes avec la ferveur profonde du catholicisme le plus pur ! L'Espagne seule pouvait produire un tel peintre ; la dévotion italienne est trop souriante et se souvient trop de la religion charmante de la Grèce, pour arriver à ce renoncement, à cette mort en Dieu, à cet anéantissement complet qui effrayeraient les fakirs de l'Inde eux-mêmes.

Outre les chefs-d'œuvre de l'école espagnole, ce musée renferme la plus étonnante collection de Titiens et de Raphaëls qu'on puisse voir. C'est là que se trouvent le *Spasimo di Sicilia*, la *Vierge au poisson*, la *Madone*, appelée *la Perle*, à cause de son inimitable perfection, joyau enlevé, ainsi que bien d'autres, au riche écrin de l'Escurial pour en doter l'univers.

Les Titiens surtout foisonnent : portraits, esquisses, tableaux de sainteté, scènes mythologiques, toutes les phases, toutes les manières de ce génie qui traversa rayonnant un siècle presque entier, sont représentées au musée de Madrid par des échantillons variés et splendides.

Une de ses toiles entre autres me retint en contemplation plus d'une heure. C'est une *Salomé portant sur un plat la tête de saint Jean-Baptiste.* Sous les traits de Salomé, le peintre, dit-on, a fait le portrait de sa fille : quelle délicieuse créature, et quel dommage qu'elle soit morte depuis plus de trois cents ans, car j'en devins éperdûment amoureux sur-le-champ. Je compris tout de suite le secret de ma mélancolie et de mes désespoirs; ils ont pour motif la cause raisonnable de n'être pas contemporain de cette charmante personne : penser qu'un être si adorable a vécu ; que des gens de ce temps-là ont peut-être baisé le bout de ces belles mains ou effleuré cette joue blonde et vermeille, cette bouche de grenade entr'ouverte, fraîche comme une fleur, savoureuse comme un fruit, c'est à faire mourir de regret et de jalousie! Hélas! tant de beautés ont été la proie des vers, et sans cette pellicule de couleurs étalée sur une mince toile, ce chef-d'œuvre du Ciel serait maintenant ignoré de la terre. — Le Ciel doit bien de la reconnaissance à Titien.

Nous n'irons pas plus loin ; le lecteur peut-être est déjà las des points d'exclamation. Le dythirambe est ennuyeux de sa nature; aussi bien est-il temps de retourner en France, la Guadarrama a décidément mis son diadème de neige. Partons, et passons encore une fois sous cet arc de triomphe de la Bidassoa, dont on a renouvelé la verdure et les ornements à l'intention de la jeune infante Doña Luisa Fernanda, devenue duchesse de Montpensier et Française.

LE BERGER.

LE BERGER.

N'ayez pas peur. — Nous n'avons aucune envie de faire un pastiche d'Honoré d'Urfé, et nous ne vous mènerons pas sur les rives du Lignon, nous n'évoquerons pas les ombres pastorales d'Estelle et de Némorin. Le chevalier de Florian, quoique plus nouveau, est tout aussi passé de mode que l'auteur de l'*Astrée*.

Aujourd'hui, dans le temps prosaïque où nous vivons, même sans être sorti de Paris, on peut, d'après les tableaux de Brascassat et de la Berge, se faire une idée assez juste des moutons et des bergers. Les moutons ne sont pas poudrés à blanc et ne portent généralement pas de faveurs roses au cou; ce sont des animaux fort stupides, recouverts d'une laine sale, imprégnée d'un suaint d'une odeur désagréable; leur principale poésie consiste en côtelettes et en gigots. Les bergers sont des drôles peu frisés, hâves, déguenillés, marchant d'un air nonchalant, un morceau de pain bis à la main, un maigre chien à museau de loup sur les talons. Les bergères sont d'affreux laiderons qui n'ont pas la moindre jupe gorge-de-pigeon, pas le moindre corset à échelle de rubans, et dont le teint n'est pas pétri de roses et de lis.—Il a fallu plus de six mille ans au genre humain pour s'apercevoir de cela, et ne plus ajouter foi entière aux dessus de porte, aux éventails et aux paravents.

Donc, puisque voilà nos lecteurs rassurés contre toute tentative d'idyle de notre part, commençons notre récit ; il est fort simple, il sera court. Nous espérons qu'on nous saura gré de cette qualité.

passent une partie de leur existence dans la solitude, une ou deux douzaines de moutons, qui se seraient, à coup sûr, dispersés sans l'active vigilance d'un grand chien noir à oreilles droites, qui ralliait au groupe principal les retardataires ou les capricieux par quelque léger coup de dent appliqué à propos.

Les romans n'avaient pas tourné la tête à Petit-Pierre; — c'est ainsi qu'il se nommait, et non Lycidas ou Tircis; — il ne savait pas lire. Cependant il était rêveur; il restait de longues journées appuyé le dos contre un arbre, les yeux errant à l'horizon dans une espèce de contemplation extatique. A quoi pensait-il? il l'ignorait lui-même. Chose bien rare chez un paysan, il regardait le lever et le coucher du soleil, les jeux de la lumière dans le feuillage, les différentes nuances des lointains, sans se rendre compte du pourquoi. Même il jugeait comme une faiblesse d'esprit, presque comme une infirmité, cet empire exercé sur lui par les eaux, les bois, le ciel, et il se disait :

— Cela n'a pourtant rien de bien curieux; les arbres ne sont pas rares, ni la terre non plus. Qu'ai-je donc à m'arrêter une heure entière devant un chêne, devant une colline, oubliant le boire et le manger, oubliant tout? Sans Fidèle, j'aurais déjà perdu plus d'une bête, et le maître m'aurait chassé.

Pourquoi ne suis-je donc pas comme les autres, grand, fort, riant toujours, chantant à tue-tête, au lieu de passer ma vie à regarder pousser l'herbe que broutent mes moutons?

Petit-Pierre se plaignait tout bonnement de n'être pas stupide, et avait-il tort?

Sans doute vous avez déjà pensé que Petit-Pierre était amoureux : il le sera peut-être, mais il ne l'est pas.

Les amours des champs ne sont pas si précoces, et notre berger ne s'était pas encore aperçu qu'il y eût deux sexes. Il est vrai qu'en certains cantons peu favorisés, l'on pourrait s'y tromper; c'est le même hâle, la même carrure, les mêmes mains rouges, la même voix rauque : la nature n'a créé que la femelle, la civilisation a créé la femme.

Arrivé sur le revers d'une pente couverte d'un gazon fin et luisant, et semée de quelques beaux bouquets d'arbres s'agrafant au terrain par des racines noueuses d'un caractère singulier et pittoresque, il s'arrêta, s'assit sur un quartier de roche, et, le menton appuyé sur son bâton recourbé comme ceux des pasteurs d'Arcadie, il s'abandonna à la pente habituelle de ses rêves. Le chien, jugeant avec sagacité que les moutons ne s'éloigneraient pas d'un endroit où l'herbe était si drue et si tendre, se coucha aux pieds de son maître, la tête allongée sur ses pattes et les yeux plongés dans son regard, avec cette attention passionnée qui fait du chien un être presque humain. Les moutons s'étaient groupés çà et là dans un désordre heureux. Un rayon de lumière glissait sur les feuilles et faisait briller dans l'herbe quelques gouttes de rosée, diamants tombés de l'écrin de l'Aurore, et que le soleil n'avait pas encore ramassés. C'était un tableau tout fait, signé : Dieu, un assez bon peintre dont le jury du Louvre refuserait peut-être les toiles.

C'est la réflexion que fit une jeune femme qui entrait en ce moment par l'autre extrémité du vallon :

— Quel joli site à dessiner! dit-elle en prenant un album des mains de la femme de chambre qui l'accompagnait.

Elle s'assit sur une pierre moussue, au risque de verdir sa fraîche robe blanche, dont elle paraissait s'inquiéter fort peu, ouvrit le livre aux feuillets de vélin, le posa sur ses genoux et commença à tracer l'esquisse d'une main hardie et légère. Ses traits fins et purs étaient dorés par l'ombre transparente de son grand chapeau de paille, comme dans cette délicate ébauche de jeune femme par Rubens que l'on voit au Musée ; ses cheveux, d'un blond riche, formaient un gros chignon de nattes sur son cou plus blanc que le lait et moucheté, comme par coquetterie, de trois ou quatre petites taches de rousseur. Elle était d'une beauté charmante et rare.

Petit-Pierre, absorbé par une découpure de feuilles de châtaignier, ne s'était pas d'abord aperçu de l'arrivée d'un nouvel acteur sur la tranquille scène de la vallée. Fidèle avait bien levé le nez, mais ne voyant là aucun sujet d'inquiétude, il avait repris son attitude de sphinx mélancolique. L'aspect de cette forme svelte et blanche troubla singulièrement le jeune berger ; il sentit une espèce de serrement de cœur inexprimable, et, comme pour se soustraire à cette émotion, il siffla son chien et se mit en devoir de se retirer.

Mais ce n'était pas là le compte de la jeune femme, qui était précisément en train de croquer le petit pâtre et son troupeau, accessoire indispensable du paysage; elle jeta de côté album et crayons, et, avec deux ou trois bonds de biche poursuivie, elle eut bientôt rattrapé Petit-Pierre, qu'elle ramena d'autorité au quartier de roche sur lequel il était assis auparavant.

—Toi, lui dit-elle gaîment, tu vas rester là jusqu'à ce que je te prie de t'en aller; le bras un peu plus avancé, la tête plus à gauche.

Et tout en parlant, de sa main frêle et blanche, elle poussait la joue hâlée de Petit-Pierre pour la remettre dans la pose.

— Mais c'est qu'il a de beaux yeux, Lucy, pour des yeux de paysan, dit-elle en riant à sa femme de chambre.

Son modèle remis en attitude, la folle jeune femme recourut à sa place et reprit son dessin, qu'elle eut bientôt achevé.

—Tu peux te lever et partir, si tu veux, maintenant; mais il est bien juste que je te dédommage de l'ennui que je t'ai causé en te faisant rester là comme un saint de bois. Viens ici.

Le pâtre arriva lentement, tout honteux, le dos humide et les tempes mouillées; la jeune femme lui glissa vivement une pièce d'or dans la main.

— Ce sera pour t'acheter une veste neuve quand tu iras à la danse le dimanche.

Le pâtre qui avait jeté un regard furtif sur l'album entr'ouvert, restait comme frappé de stupeur sans songer à refermer sa main, où rayonnait la belle pièce de vingt francs toute neuve : des écailles venaient de lui tomber des yeux, une révélation subite s'était opérée en lui. Il disait d'une voix entrecoupée, en suivant les différentes portions du dessin :

— Les arbres, la pierre, le chien,

moi, tout y est, les moutons aussi, dans la feuille de papier !

La jeune femme s'amusait de cette admiration et de cet étonnement naïfs, et lui fit voir différents sites crayonnés, des lacs, des châteaux, des rochers ; puis, comme la nuit venait, elle reprit avec sa femme de compagnie le chemin de la maison de campagne.

Petit-Pierre la suivit des yeux bien longtemps encore après que le dernier pli de sa robe eut disparu derrière le coteau, et l'idèle avait beau lui pousser la main de son nez humide et grenu comme une truffe mouillée, il ne pouvait parvenir à le tirer de sa méditation. L'humble berger commençait à comprendre confusément à quoi servait de contempler les arbres, les plis du terrain et les formes des nuages. Ces inquiétudes, ces élans qu'il ressentait vis-à-vis d'une belle campagne avaient donc un but; il n'était donc ni imbécille ni fou !

Il avait bien vu collées au lourd manteau des cheminées, dans les fermes, des images comme le portrait d'Isaac Laquedem, de Geneviève de Brabant, de la Mère de Douleurs, avec ses sept glaives enfoncés dans la poitrine; mais ces grossières gravures sur bois placardées de jaune, de rouge et de bleu, dignes des sauvages de la Nouvelle-Zélande et des Papous de la mer du Sud, ne pouvaient éveiller aucune idée d'art dans sa tête. Les dessins de l'album de la jeune femme, avec leur netteté de crayon et leur exactitude de formes, furent une chose tout-à-fait nouvelle pour Petit-Pierre.

Le tableau de l'église paroissiale était si noir et si enfumé qu'on n'y distinguait plus rien, et d'ailleurs il avait à peine osé y jeter les yeux, du porche où il se tenait agenouillé.

Le soir vint. Petit-Pierre enferma ses moutons dans le parc et s'assit sur le seuil de la cabane à roulettes, qui lui servait de maison l'été. Le ciel était d'un bleu foncé. Les sept étoiles du Chariot luisaient comme des clous d'or au plafond du ciel ; Cassiopée, Bootès scintillaient vivement. Le jeune berger, les doigts noyés dans les poils de son chien, accroupi auprès de lui, se sentait ému par ce magnifique spectacle qu'il était seul à regarder, par cette fête splendide que le ciel, dans son insouciante magnificence, donne à la terre endormie.

Il songeait aussi à la jeune femme, et en pensant à cette main frêle et satinée qui avait effleuré sa joue hâlée et rude, il sentait un frisson lui courir dans les cheveux. Il eut bien de la peine à s'endormir, et il se roulait dans la paille, comme un tronçon de reptile, sans pouvoir fermer les paupières; enfin, le sommeil vint, quoiqu'il se fût fait prier un peu longtemps.

Petit-Pierre fit un rêve.

Il lui semblait qu'il était assis sur un quartier de roche avec une belle campagne devant lui. Le soleil se levait à peine, l'aubépine frissonnait sous sa neige de fleurs, les herbes des prairies étaient couvertes d'une sueur perlée; la colline paraissait avoir revêtu une robe d'azur glacée d'argent.

Au bout de quelques instants, Petit-Pierre vit venir à lui la belle dame de la vallée. Elle s'approcha de lui en souriant, et lui dit:

— Il ne s'agit pas de regarder, il faut faire.

Ayant prononcé ces paroles, elle plaça sur les genoux du pâtre étonné un carton, une belle feuille de vélin, un crayon taillé, et se tint debout près de lui. Il commença à tracer quelques linéaments, mais sa main tremblait comme la feuille, et les lignes se confondaient les unes dans les autres.

Le désir de bien faire, l'émotion et la honte de réussir si mal lui faisaient couler des gouttes d'eau sur les tempes. Il aurait donné dix ans de sa vie pour ne pas se montrer si gauche devant une si belle personne; ses nerfs se contractaient, et les contours qu'il essayait de tracer dégénéraient en zigzags irréguliers et ridicules; son angoisse était telle qu'il manqua de se réveiller; mais la dame, voyant sa peine, lui mit à la main un porte-crayon d'or dont la pointe étincelait comme une flamme.

Aussitôt Petit-Pierre n'éprouva plus aucune difficulté : les formes s'arrangeaient d'elles-mêmes et se groupaient toutes seules sur le papier; le tronc des arbres s'élançait d'un jet hardi et franc, les feuilles se détachaient, les plantes se dessinaient avec leur feuillage, leur port et tous leurs détails. La dame, penchée sur l'épaule de Petit-Pierre, suivait les progrès de l'ouvrage d'un air satisfait, en disant de temps à autre :

— Bien, très-bien, c'est comme cela ! continue.

Une boucle de ses cheveux, dont la spirale allanguie flottait au vent, effleura même la figure du jeune pâtre, et de ce choc jaillirent des milliers d'étincelles, comme d'une machine électrique; un des atomes de feu lui tomba sur le cœur, et son cœur brûlait dans sa poitrine, lumineux comme une escarboucle. La dame s'en aperçut, et lui dit :

— Vous avez l'étincelle, adieu !

Ce songe produisit un effet étrange sur Petit-Pierre. En effet, son cœur était en flamme, et aussi sa tête : à dater de ce jour il était sorti du chaos de la multitude : entre sa naissance et sa mort il devait y avoir quelque chose.

Il prit un charbon à un feu éteint de la veille, et voulut commencer tout de suite ses études pittoresques; les planches extérieures de sa cabane lui servaient de papier et de toile.

Par où commença-t-il? Par le portrait de son meilleur ou pour mieux dire de son seul ami, de Fidèle; car il était orphelin et n'avait que son chien pour famille. Les premiers traits qu'il esquissa ressemblaient autant, il faut l'avouer, à un hippopotame qu'à un chien ; mais à force d'effacer et de refaire, car Fidèle était le plus patient modèle du monde, il parvint à passer de l'hippopotame au crocodile, puis au cochon de lait, et enfin à une figure dans laquelle il aurait fallu de la mauvaise volonté pour ne pas reconnaître un individu appartenant à l'espèce canine.

Dire la satisfaction que ressentit Petit-Pierre, son dessin achevé, serait une chose difficile, Michel-Ange, lorsqu'il donna le dernier coup de pinceau à la chapelle Sixtine, et se recula les bras croisés sur sa poitrine pour contempler son œuvre immortelle, n'éprouva pas une joie plus intime et plus profonde.

— Si la belle dame pouvait voir le portrait de Fidèle ! se disait en lui même le petit artiste.

Il faut lui rendre cette justice que cet enivrement dura peu. Il comprit bien vite combien ce croquis était informe, et différent du véritable Fidèle ; il l'effaça, et, cette fois, essaya de faire un mouton ; il y réussit un peu moins mal, il avait déjà de l'expérience : cependant le charbon s'écrasait sous ses doigts, la planche mal rabotée trahissait ses efforts.

— Si j'avais du papier et un

crayon, je réussirais mieux ; mais comment pourrai-je m'en procurer ?

Petit-Pierre oubliait qu'il fût un capitaliste.

Il s'en souvint pourtant ; et un jour, confiant son troupeau à un camarade, il s'en fut résolument à la ville et entra chez un marchand, lui demandant ce qu'il fallait pour dessiner. Le marchand étonné lui donna du papier et des crayons de plusieurs sortes. Petit-Pierre, tout heureux d'avoir accompli cette tâche héroïque et difficile d'acheter tant d'objets étranges, s'en retourna à ses moutons, et, sans les négliger, consacra au dessin tout le temps que les bergers ordinaires mettent à jouer du pipeau, à sculpter des bâtons et à faire des piéges pour les oiseaux et pour les fouines.

Sans trop se rendre compte du motif qui guidait ses pas, il conduisait souvent son troupeau à l'endroit où il avait posé pour la jeune femme, mais il fut plusieurs jours sans la revoir.

Est-ce que Petit-Pierre était amoureux d'elle? non, dans le sens qu'on attache à ce mot. Un tel amour était par trop impossible, et il faut même au cœur le plus humble et le plus timide une lueur d'espérance.

Tout simple et tout rustique qu'il fût, Petit-Pierre sentait bien qu'il y avait des abîmes entre lui, pauvre pâtre en haillons, ignorant, inculte, et une femme jeune, belle et riche. A moins d'être fou, est-ce bien sérieusement qu'on aime une reine? Est-on bien malheureux, à moins d'être poète, de ne pas pouvoir embrasser les étoiles? Petit-Pierre ne pensait pas à tout cela. La dame, c'est ainsi qu'il se la désignait à lui-même, lui apparaissait blanche et radieuse, un crayon d'or à la main; et il l'adorait avec cette simple dévotion tendre et fervente des catholiques du moyen âge pour la sainte

Vierge; bien qu'il ne s'en rendît pas compte, c'était pour lui la Béatrix, la muse !

Un jour il entendit sonner sur les cailloux le galop d'un cheval; l'idèle jeta un long aboiement, et, au bout de quelques minutes, il vit la dame emportée par le coursier fougueux qu'elle cinglait de coups de cravache pour le remettre dans son chemin; mais l'animal indocile, poussé sans doute par quelque frayeur, n'écoutait ni le mors, ni l'éperon, ni la bride, et, par un soubresaut violent, avant que Petit-Pierre, qui s'élançait de rocher en rocher du haut de la colline, eût eu le temps d'arriver, il se débarrassa de son écuyère dont la tête porta violemment sur le sol. La force du coup la fit évanouir, et Petit-Pierre, plus pâle qu'elle encore, alla ramasser dans le creux d'une ornière où la pluie s'était amassée, à la grande frayeur d'une petite grenouille verte qui avait établi là sa salle de bains, quelques gouttes d'eau claire qu'il jeta sur le visage décoloré de la dame. A sa grande terreur, il aperçut des filets rouges se mêler aux réseaux bleus de ses tempes, elle était blessée.

Petit-Pierre tira de sa poche un pauvre mouchoir à carreaux, et se mit à étancher le sang qui se faisait jour à travers les boucles de cheveux, aussi pieusement et avec autant de respect que les saintes femmes qui essuyaient les pieds du Christ. Une fois elle reprit connaissance, ouvrit les yeux, et jeta sur Petit-Pierre un vague regard de reconnaissance qui lui pénétra jusqu'à l'âme.

Un bruit de pas se fit entendre, le reste de la cavalcade était à la recherche de la dame : on la releva, on la mit dans la calèche, et tout disparut.

Le berger serra précieusement dans

son sein le tissu imprégné de ce sang si pur, et le soir fut à la villa demander des nouvelles de la dame. La blessure n'était pas dangereuse. Cette bonne nouvelle calma un peu Petit-Pierre, à qui tout semblait perdu depuis qu'il avait vu emporter la jeune femme inanimée et blanche comme une morte.

La saison était avancée : les habitants du château retournèrent à Paris, et Petit-Pierre, bien qu'il n'entrevît que de loin en loin et comme à la dérobée le chapeau de paille et la robe blanche, se sentit immensément seul; quand il était par trop triste, il tirait le mouchoir avec lequel il avait étanché la blessure de la dame, et baisait la tache de sang qui couvrait un des carreaux : c'était sa consolation. Il dessinait à force, et avait presque épuisé sa provision de papier; ses progrès avaient été rapides, car il n'avait pas de maître : nul système ne s'interposait entre lui et la nature, il faisait ce qu'il voyait.

Ses dessins étaient cependant encore bien rudes, bien barbares, quoique pleins de naïveté et de sentiment; il travaillait dans la solitude sous le regard de Dieu, sans conseil, sans guide, n'ayant que son cœur et sa mélancolie.

Quelquefois, la nuit, en rêve, il revoyait la belle dame, et, le porte-crayon d'or à la pointe étincelante entre ses mains, traçait des dessins merveilleux; mais le matin tout s'évanouissait, le crayon devenait rebelle, les formes fuyaient, quoique Petit-Pierre usât presque toute la mie de son pain à effacer les traits manqués.

Cependant un jour il avait crayonné une vieille chaumine toute moussue, dont la cheminée dardait une spirale de fumée bleuâtre entre les cimes des noyers presque entièrement dépouillés de leurs feuilles ; un bûcheron, sa tâche accomplie, se tenait debout sur le seuil, bourrant sa pipe, et dans le fond de la chambre, entrevu par la porte ouverte, on apercevait vaguement une femme qui poussait du pied une bercelonnette tout en filant son rouet. C'était le chef-d'œuvre de Petit-Pierre, il était presque content de lui.

Tout-à-coup il aperçut une ombre sur son papier, l'ombre d'un tricorne qui ne pouvait appartenir qu'à M. le Curé. Enfin, c'était lui; il observait en silence le travail de Petit-Pierre, qui rougit jusqu'à l'ourlet des oreilles d'être ainsi surpris en dessin flagrant. Le vénérable ecclésiastique, bien qu'il ne fût pas un de ces prêtres guillerets vantés par Béranger, était cependant un bon, honnête et savant homme. Jeune, il avait vécu dans les villes; il ne manquait pas de goût et possédait quelque teinture des beaux-arts. L'ouvrage de Petit-Pierre lui parut donc ce qu'il était, fort remarquable déjà, et promettant le plus bel avenir. Le bon prêtre fut touché en lui-même de cette vocation solitaire, de ce génie inconnu qui répandait ses parfums devant Dieu, reproduisant avec amour, dévotion et conscience, quelques fragments de l'œuvre infinie de l'éternel Créateur.

— Mon petit ami, quoique la modestie soit un sentiment louable, il ne faut pas rougir comme cela. C'est peut-être un mouvement d'orgueil secret.

Lorsqu'on a fait quelque chose dans la sincérité de son cœur, et avec tout l'effort dont on est capable, on ne doit pas craindre de le montrer. Il n'y a pas de mal à dessiner, surtout lorsqu'on ne néglige pas ses autres devoirs.

Le temps que vous passez à crayonner, vous le perdriez à ne rien faire, et l'oisiveté est mauvaise dans la solitude : il y a là-dedans, mon cher enfant, un certain mérite : ces arbres sont vrais, ces herbes ont chacune les feuilles qui leur conviennent.

Vous avez, on le sent, longtemps contemplé les œuvres du grand Maître pour lequel vous devez vous sentir pénétré d'une admiration bien vive, car, s'il est déjà si difficile de faire une copie imparfaite et grossière, qu'est-ce donc quand il faut créer et tirer tout de rien !

C'est ainsi que le bon curé encourageait Petit-Pierre; il eut la première confidence de ce talent qui devait aller si haut et si loin.

— Travaillez, mon enfant, lui disait-il, vous serez peut-être un autre Giotto. Giotto était, comme vous, un pauvre gardeur de chèvres, et il finit par acquérir tant de talent, qu'un de ses tableaux, représentant la sainte Mère du divin Sauveur, fut promené processionnellement dans les rues de Florence par le peuple enthousiasmé.

Le curé, durant les longues soirées d'hiver qui laissaient beaucoup de loisir à Petit-Pierre, que ne réclamaient plus ses moutons chaudement entassés dans l'étable, lui apprit à lire et aussi à écrire, lui donnant ainsi les deux clefs du savoir. Petit-Pierre fit des progrès rapides, car c'était autant son cœur que son esprit qui désirait apprendre. Le digne prêtre, tout en se reprochant un peu de donner à son élève une instruction au-dessus de l'humble rang qu'il occupait, se plaisait à voir s'épanouir l'un après l'autre les calices de cette jeune âme. Pour ce jardinier attentif, c'était un spectacle des plus intéressants que cette floraison intérieure dont lui seul avait le secret.

Les glaces fondirent, les perce-neiges et les primevères commencèrent à pointer timidement, et Petit-Pierre reprit la conduite de son troupeau. Ce n'était plus l'enfant chétif que nous avons vu au commencement de ce récit; il avait grandi et pris de la force.

La nature avait fait un appel à ses ressources pour subvenir aux dépenses des facultés nouvelles. Sous le développement de son cerveau ses tempes s'étaient élargies. Son œil, désormais arrêté sur un but, avait le regard net et ferme. Comme dans toute tête habitée par une pensée, on voyait briller sur sa figure le reflet d'une flamme intérieure. Non qu'il fût dévoré par les ardeurs maladives d'une ambition précoce; mais le vin de la science, quoique versé par le bon prêtre avec une prudente discrétion, causait à cette âme neuve une espèce d'enivrement qui eût pu tourner à l'orgueil. Heureusement, Petit-Pierre n'avait pas de public. Ni les arbres ni les rochers ne sont flatteurs.

L'immensité de la nature, avec laquelle il était toujours en relation, le ramenait bien vite au sentiment de sa petitesse. Abondamment fourni, par le curé, de papier, de crayons, il fit un grand nombre d'études, et quelquefois, tout éveillé, il lui semblait avoir à la main le porte-crayon d'or à la pointe de feu, et la dame, penchée sur son épaule, lui disait :

« C'est bien, mon ami. Vous

n'avez pas laissé éteindre l'étincelle que j'ai mise dans votre cœur. Persévérez, et vous aurez votre récompense. »

Petit-Pierre, ayant acquis un fin sentiment de la forme, comprenait à quel point la dame était belle, et, à cette pensée, sa poitrine se gonflait.

Il regardait le mouchoir à carreaux où la tache, quoique brunie, se distinguait toujours, et il disait avec émotion :

« Heureux sang qui as coulé dans ses veines, qui es monté de son cœur à sa tête ! »

Avec la même sincérité qui nous

a fait avouer là-haut que Petit-Pierre n'était pas encore amoureux, nous devons convenir qu'il l'est à présent, et de toutes les forces de son âme. L'image adorée ne le quitte plus. Il la voit dans les arbres, dans les nuages, dans l'écume des cascades. Aussi a-t-il fait d'immenses progrès. Il y a maintenant dans ses dessins un élément qui y manquait : le désir.

Un événement très-simple en apparence et qui n'est pas dramatique le moins du monde, mais il faut vous y résigner, car nous vous avons prévenu en commençant que notre histoire ne serait pas compliquée, décida tout-à-fait de la vocation de Petit-Pierre et vint changer la face de sa vie.

Le député du département avait obtenu du ministère de l'intérieur un tableau de sainteté pour l'église de*** : le peintre, qui était un homme de talent, soigneux de ses œuvres, accompagna sa toile et voulut choisir lui-même la place où elle serait suspendue. Naturellement il descendit au presbytère, et le curé ne manqua pas de parler au peintre d'un berger du pays qui avait beaucoup de goût pour le dessin et faisait de lui-même des croquis annonçant de merveilleuses dispositions. Le carton de Petit-

Pierre fut vidé devant le peintre. L'enfant, pâle comme la mort, comprimant son cœur sous sa main pour l'empêcher d'éclater, se tenait debout à côté de la table. Il attendait en silence la condamnation de ses rêves, car il ne pouvait s'imaginer qu'un homme bien mis, bien ganté, un bout de ruban rouge à sa boutonnière, auteur d'un tableau entouré d'un cadre d'or, pût trouver le moindre mérite à ses charbonnages sur papier gris.

Le peintre feuilleta quelques dessins sans rien dire, puis son front s'éclaira ; une légère rougeur lui monta aux joues, et il s'adressait à lui-même de courtes phrases exclamatives en argot d'atelier :

—Comme c'est bonhomme ! comme c'est nature ! pas le moindre chic. Corot n'eût pas mieux fait; voilà un charbon qu'envierait Delaberge ; ce mouton couché est tout-à-fait dans le goût de Paul Potter.

Quand il eut fini, il se leva, marcha droit à Petit-Pierre, lui prit la main, la secoua cordialement, et lui dit :

—Pardieu ! Quoique cela ne soit guère honorable pour nous autres professeurs, mon cher garçon, vous en savez plus que tous mes élèves. Voulez-vous venir à Paris avec moi ?

en six mois je vous montrerai ce qu'on nomme les ficelles du métier, ensuite vous marcherez tout seul, et... si vous ne vous arrêtez pas, je peux vous prédire, sans craindre de me compromettre, que vous irez loin.

Petit-Pierre, bien sermoné, bien chapitré, bien prévenu sur les dangers de la Babylone moderne, partit avec le peintre, en compagnie de Fidèle dont il ne voulut pas se séparer, et que l'artiste lui permit d'emmener, avec cette délicate bonté d'âme qui accompagne toujours le talent. Seulement, Fidèle ne voulut jamais se laisser hisser sur l'impériale, et suivit la voiture dans un étonnement profond, mais rassuré par la figure amicale de son maître, qui lui souriait à travers la portière.

Nous ne suivrons pas jour par jour les progrès de Petit-Pierre, cela nous mènerait trop loin. Les œuvres des grands maîtres, qu'il visitait assidûment dans les galeries et dont il faisait de fréquentes copies, mirent à sa disposition mille moyens de rendre sa pensée, qu'il n'eût pu deviner tout seul. Il passa des sévérités du grave Poussin aux mollesses lumineuses de Claude Lorrain, de la fougue sauvage de Salvator Rosa à la vérité prise sur le fait de Ruysdaël; mais il ne s'imprégna d'aucun style particulier : il avait une originalité trop fortement trempée pour cela. Il n'avait pas fait comme le vulgaire des peintres qui commencent dans l'atelier, et vont ensuite mettre leur carte de visite à la nature dans des excursions de six semaines, sauf à peindre ensuite au coin du feu les rochers d'après un fauteuil, et les cascades d'après l'eau d'une carafe versée de haut dans une cuvette par un rapin complaisant : ce n'est qu'imprégné de l'arome des bois, les yeux pleins d'aspects champêtres, à la suite d'une longue et discrète familiarité avec la nature, qu'il avait pris le crayon d'abord, puis le pinceau. Les conseils de l'art lui étaient venus assez tôt pour qu'il n'eût pas le temps de prendre une mauvaise route, assez tard pour ne pas fausser sa naïveté.

Au bout de deux ans de travail opiniâtre, Petit-Pierre eut un tableau admis et remarqué à l'exposition du Louvre. Il aurait bien voulu revoir la dame au crayon d'or, mais quoiqu'il eût regardé très-attentivement dans les promenades, au théâtre, aux églises, toutes les femmes qui pouvaient offrir quelque ressemblance avec elle, il ne put retrouver sa trace. Il ne savait pas son nom, et ne connaissait d'elle que sa beauté. Un vague espoir cependant le soutenait; quelque chose lui disait au fond du cœur que la destinée n'en avait pas fini entre eux deux. Quelque modeste qu'il fût, il avait la conscience de son talent; il s'était rapproché du ciel, et l'impossibilité d'atteindre l'étoile de son rêve diminuait chaque jour. De temps à autre, notre jeune peintre se promenait aux alentours de son tableau, en se penchant sur la balustrade, affectant de considérer attentivement quelque cadre microscopique dans le voisinage de sa toile, afin de recueillir les avis des spectateurs, et puis il se disait, non sans quelque raison, que la dame, qui dessinait elle-même et paraissait aimer beaucoup le paysage, si elle était à Paris, viendrait immanquablement visiter l'exposition. En effet, un matin, avant l'heure où la foule abonde, Petit-Pierre vit s'avancer du côté de son tableau une jeune femme vêtue de noir; il ne vit pas d'abord sa figure, mais une petite portion de ce cou blanc semé de petits signes, et qui brillait comme une opale entre l'écharpe et le bord du chapeau, la lui fit reconnaître sur-le-champ avec cette sûreté de coup d'œil que l'habitude donne aux peintres. C'était bien elle : le deuil qu'elle portait faisait encore ressortir sa blancheur, et, dans le noir encadrement du chapeau, son profil fin et pur avait la transparence du marbre de Paros Ce deuil troubla Petit-Pierre.

— Qui a-t-elle perdu? son père, sa mère..., ou bien serait-elle... libre? se dit-il tout bas dans le recoin le plus secret de son âme.

Le paysage exposé par le jeune artiste représentait précisément le site dessiné par la dame, et pour lequel avaient posé lui, Fidèle, et ses moutons. Petit-Pierre, par une pensée d'amour et de religion, avait choisi pour sujet de son premier tableau l'endroit où il avait reçu la révélation de la peinture. La pente gazonnée, les bouquets d'arbres, les roches grises perçant çà et là le vert manteau de l'herbe, le tronc décharné et bizarre d'un vieux chêne frappé de la foudre, tout était d'une scrupuleuse exactitude. Petit-Pierre s'était peint appuyé sur son bâton, l'air rêveur, Fidèle à ses pieds, et dans la position que lui avait indiquée la dame à l'album.

La jeune femme resta longtemps en contemplation devant le tableau de Petit-Pierre ; elle en examina attentivement tous les détails, s'avançant et se reculant pour mieux juger de l'effet. Une pensée semblait la préoccuper : elle ouvrit le livret et chercha le numéro de la toile, le nom du peintre et le sujet de son œuvre. Le nom lui était inconnu ; le livret ne contenait que ce seul mot : « Paysage. » Puis, paraissant frappée d'un souvenir lumineux, elle dit quelques mots tout bas à la vieille dame qui l'accompagnait.

Après avoir regardé encore quelques tableaux, mais d'un œil déjà distrait et fatigué, elle sortit.

Petit-Pierre, entraîné sur ses pas par une force magique et craignant de perdre cette trace retrouvée si à propos, suivit la jeune dame de loin et la vit monter en voiture. Se jeter dans un cabriolet, et lui dire de ne pas perdre de vue cette voiture bleue à livrée chamois, fut l'affaire d'une minute pour Petit-Pierre.

Le cocher fouetta énergiquement sa haridelle, et se mit à la poursuite de l'équipage.

La voiture entra dans une maison de belle apparence, rue Saint-H..., et la porte cochère se referma sur elle.

C'était bien là que demourait la dame.

Savoir la rue et le numéro de son idéal est déjà une belle position, et c'est quelque chose que de pouvoir se dire : « Mon rêve demeure dans tel quartier, sur le devant, » ou bien : « entre cour et jardin. » Avec cela, avec moins peut-être, Lovelace ou Don Juan eussent mené une aventure à bout; mais Petit-Pierre n'était ni un Don Juan ni un Lovelace, bien loin de là !

Il lui restait à savoir le nom de la dame de ses pensées, à se faire recevoir chez elle, à s'en faire aimer : trois petites formalités qui ne laissaient pas que d'embarrasser étrangement notre ex-berger.

Heureusement, le hasard vint à son secours, et le moyen qu'il cherchait s'offrit de lui-même. Un matin, son rapin Holoferne lui apporta, délicatement pincée entre le pouce et l'index, une petite lettre oblongue qu'il flairait avec des contractions et dilatations de narines, comme si c'eût été un bouquet de roses ou de violettes.

A l'anglaise fine et vive de l'adresse, on ne pouvait méconnaître une main de femme et de femme bien élevée, sachant écrire une autre orthographe que celle du cœur.

promettre de ne le vendre à personne et de le faire porter, l'exposition finie, rue Saint-H..., n°... Vos conditions seront les miennes.

» G. d'Escars. »

La rue et le numéro concordaient précisément avec ceux où Petit-Pierre avait vu entrer la voiture. Il n'y avait pas à s'y tromper. Mme d'Escars était bien la dame au porte-crayon de flamme des visions de Petit-Pierre, celle qui lui avait donné le louis avec lequel il avait acheté les premières feuilles de papier, celle dont il gardait précieusement une goutte de sang sur son mouchoir à carreaux.

ainsi jusqu'à la fin de cette histoire pour ne pas divulguer un nom devenu célèbre, plaisait infiniment à Mme d'Escars, qui n'avait pas reconnu dans le jeune artiste le petit pâtre qui lui avait servi de modèle.

Cependant, dès la première visite, elle avait eu quelque vague souvenir d'avoir vu cette physionomie ailleurs.

Mme d'Escars n'avait pas dit à Petit-Pierre qu'elle-même dessinait, car elle n'avait aucune hâte de faire montre des talents qu'elle possédait. Un soir, la conversation tomba sur la peinture, et Mme d'Escars avoua, ce que Petit-Pierre savait fort bien, qu'elle avait fait quelques études, quelques croquis qu'elle lui aurait déjà montrés si elle les avait jugés dignes d'un tel honneur.

Elle posa l'album sur la table, en tournant les feuilles plus ou moins rapidement, selon qu'elle jugeait les dessins dignes ou indignes d'examen.

Quand elle arriva à l'endroit où Petit-Pierre et son troupeau étaient représentés, elle dit au jeune peintre :

— C'est à peu près le même site que celui que vous avez représenté dans votre tableau, que j'ai acheté, pour voir, réalisé, ce que j'aurais voulu faire. Cette rencontre est bizarre. Vous êtes donc allé à S***?

— Oui, j'y ai passé quelque temps.

— Un charmant pays, inconnu, et renfermant des beautés qu'on va chercher bien loin ; mais puisque j'ai tiré mon album de son étui, ce ne sera pas impunément. Voici une page blanche, vous allez crayonner quelque chose là-dessus.

Petit-Pierre dessina la vallée où Mme d'Escars était tombée de cheval. Il représenta l'amazone renversée à terre et soutenue par un jeune pâtre qui lui bassinait les tempes avec un mouchoir trempé dans l'eau.

— Quelle coïncidence étrange! dit Mᵐᵉ d'Escars. Je suis effectivement tombée de cheval dans un endroit semblable, mais il n'y avait aucun témoin de cette mésaventure qu'un petit pâtre que j'ai vaguement entrevu à travers mon évanouissement et que je n'ai jamais rencontré depuis. Qui a pu vous raconter cela?

— C'est que je suis moi-même Petit-Pierre, et voici le mouchoir qui a essuyé le sang qui coulait de votre tempe, où j'aperçois la cicatrice de la blessure sous la forme d'une imperceptible petite raie blanche.

Mᵐᵉ d'Escars tendit sa main au jeune peintre, qui posa sur le bout de ses doigts roses un baiser tendre et respectueux, puis, d'une voix émue et tremblante, il lui raconta toute sa vie, les vagues aspirations qui le troublaient, ses rêves, ses efforts et enfin son amour, car maintenant il voyait clair dans son âme, et si d'abord il avait adoré la muse dans Mme d'Escars, maintenant il aimait la femme.

Que dirons-nous de plus? La fin de cette histoire n'est pas difficile à deviner, et nous avons promis en commençant qu'il n'y aurait dans notre récit ni catastrophe ni surprise. Mme d'Escars devint au bout de quelques mois Mme D***, et Petit-Pierre eut ce rare bonheur d'épouser son idéal et de vivre avec son rêve sans jamais s'être souillé par de vulgaires unions. — Il aimait les beaux arbres, il devint un grand paysagiste. — Il aimait une belle femme, il l'épousa; heureux homme! Mais que ne fait-on avec un amour pur et une forte volonté?

LE PIED DE MOMIE.

LE PIED DE MOMIE.

J'étais entré par désœuvrement chez un de ces marchands de curiosités dits marchands de bric-à-brac dans l'argot parisien, si parfaitement intelligible pour le reste de la France.

Vous avez sans doute jeté l'œil, à travers le carreau, dans quelques-unes de ces boutiques devenues si nombreuses depuis qu'il est de mode d'acheter des meubles anciens, et que le moindre agent de change se croit obligé d'avoir sa *chambre moyen-âge*.

C'est quelque chose qui tient à la fois de la boutique du ferrailleur, du magasin du tapissier, du laboratoire de l'alchimiste et de l'atelier du peintre; dans ces antres mystérieux où les volets filtrent un prudent demi-jour, ce qu'il y a de plus notoirement ancien, c'est la poussière; les toiles d'araignées y sont plus authentiques que les guipures, et le vieux poirier y est plus jeune que l'acajou arrivé hier d'Amérique.

Le magasin de mon marchand de bric-à-brac était un véritable Capharnaüm; tous les siècles et tous les pays semblaient s'y être donné rendez-vous; une lampe étrusque de terre rouge posait sur une armoire de Boule, aux panneaux d'ébène sévèrement rayés de filaments de cuivre; une duchesse du temps de Louis XV allongeait nonchalamment ses pieds de biche sous une épaisse table du règne de Louis XIII, aux lourdes spirales de bois de chêne, aux sculptures entremêlées de feuillages et de chimères.

Une armure damasquinée de Milan faisait miroiter dans un coin le ventre rubané de sa cuirasse; des amours et des nymphes de biscuit, des magots de la Chine, des cornets de Céladon et de Craquelé, des tasses de Saxe et de vieux Sèvres encombraient les étagères et les encoignures.

Sur les tablettes denticulées des dressoirs, rayonnaient d'immenses plats du Japon, aux dessins rouges et bleus, relevés de hachures d'or côte à côte avec des émaux de Bernard Palissy, représentant des couleuvres, des grenouilles et des lézards en relief.

Des armoires éventrées s'échappaient des cascades de lampas glacé d'argent, des flots de brocatelle criblée de grains lumineux par un oblique rayon de soleil; des portraits de toutes les époques souriaient à travers leur vernis jaune dans des cadres plus ou moins fanés.

Le marchand me suivait avec précaution dans le tortueux passage pratiqué entre les piles de meubles, abattant de la main l'essor hasardeux des basques de mon habit, surveillant mes coudes avec l'attention inquiète de l'antiquaire et de l'usurier.

ment le ton saumon-clair de la peau, lui donnait un faux air de bonhomie patriarcale, corrigée, du reste, par le scintillement de deux petits yeux jaunes qui tremblottaient dans leur orbite comme deux louis d'or sur du vif-argent. La courbure du nez avait une silhouette aquiline qui rappelait le type oriental ou juif. Ses mains, maigres, fluettes, veinées, pleines de nerfs en saillie comme les cordes d'un manche à violon onglées de griffes semblables à celles qui terminent les ailes membraneuses des chauves-souris, avaient un mouvement d'oscillation senile, inquiétant à voir; mais ces mains agitées de tics fiévreux devenaient plus fermes que des tenailles d'acier ou des pinces de homard dès qu'elles soulevaient quelque objet précieux, une coupe d'onyx, un verre de Venise ou un plateau de cristal de Bohême; ce vieux drôle avait un air si profondément rabbinique et cabalistique qu'on l'eût brûlé sur la mine, il y a trois siècles

—Ne m'achèterez-vous rien aujourd'hui, Monsieur? Voilà un kriss malais dont la lame ondule comme une flamme; regardez ces rainures pour égoutter le sang, ces dentelures pratiquées en sens inverse pour arracher les entrailles en retirant le poignard; c'est une arme féroce, d'un beau caractère et qui ferait très-bien dans votre trophée ; cette épée à deux mains est très-belle, elle est de Josepe de la Hera, et cette cauchelimarde à coquille fenestrée, quel superbe travail !

—Non, j'ai assez d'armes et d'instruments de carnage ; je voudrais une figurine, un objet quelconque qui pût me servir de serre-papier, car je ne puis souffrir tous ces bronzes de pacotille que vendent les papetiers, et qu'on retrouve invariablement sur tous les bureaux.

Le vieux gnôme, furetant dans ses vieilleries, étala devant moi des bronzes antiques ou soi-disant tels, des morceaux de malachite, de petites idoles indoues ou chinoises, espèce de poussahs de jade, incarnation de Brahma ou de Wishnou merveilleusement propre à cet usage, assez peu divin, de tenir en place des journaux et des lettres.

J'hésitais entre un dragon de porcelaine tout constellé de verrues, la gueule ornée de crocs et de barbelures, et un petit fétiche mexicain fort abominable, représentant au naturel le dieu Witziliputzili, quand j'aperçus un pied charmant que je pris d'abord pour un fragment de Vénus antique.

Il avait ces belles teintes fauves

et rousses qui donnent au bronze florentin cet aspect chaud et vivace, si préférable au ton vert-degrisé des bronzes ordinaires qu'on prendrait volontiers pour des statues en putréfaction : des luisants satinés frissonnaient sur ses formes rondes et polies par les baisers amoureux de vingt siècles ; car ce devait être un airain de Corinthe, un ouvrage du meilleur temps, peut-être une fonte de Lysippe !

— Ce pied fera mon affaire, dis-je au marchand, qui me regarda d'un air ironique et sournois en me tendant l'objet demandé pour que je pusse l'examiner plus à mon aise.

Je fus surpris de sa légèreté; ce n'était pas un pied de métal, mais bien un pied de chair, un pied embaumé, un pied de momie : en regardant de près, l'on pouvait distinguer le grain de la peau et la gauffrure presque imperceptible imprimée par la trame des bandelettes. Les doigts étaient fins, délicats, terminés par des ongles parfaits, purs et transparents comme des agathes; le pouce, un peu séparé, contrariait heureusement le plan des autres doigts à la manière antique, et lui donnait une attitude dégagée, une sveltesse de pied d'oiseau; la plante, à peine rayée de quelques hachures invisibles, montrait qu'elle n'avait jamais touché la terre, et ne s'était trouvée en contact qu'avec les plus fines nattes de roseaux du Nil et les plus moelleux tapis de peaux de panthères.

— Ha ! ha ! vous voulez le pied de la princesse Hermonthis, dit le marchand avec un ricanement étrange, en fixant sur moi ses yeux de hibou : ha ! ha ! ha ! pour un serre-papier ! idée originale, idée d'artiste ; qui aurait dit au vieux Pharaon que le pied de sa fille adorée servirait de serre-papier l'aurait bien surpris, lorsqu'il faisait creuser une montagne de granit pour y mettre le triple cercueil peint et doré, tout couvert d'hiéroglyphes avec de belles peintures du jugement des âmes, ajouta à demi-voix et comme se parlant à lui-même le petit marchand singulier.

— Combien me vendrez-vous ce fragment de momie?

— Ah! le plus cher que je pourrai, car c'est un morceau superbe; si j'avais le pendant, vous ne l'auriez pas à moins de cinq cents francs : la fille d'un Pharaon, rien n'est plus rare.

— Assurément cela n'est pas commun; mais enfin combien en voulez-vous? — D'abord je vous avertis d'une chose, c'est que je ne possède pour trésor que cinq louis ; — j'achèterai tout ce qui coûtera cinq louis, mais rien de plus.

Vous scruteriez les arrière-poches de mes gilets, et mes tiroirs les plus intimes, que vous n'y trouveriez pas seulement un misérable tigre à cinq griffes.

— Cinq louis le pied de la princesse Hermontis, c'est bien peu, très-peu en vérité, un pied authentique, dit le marchand en hochant la tête et en imprimant à ses prunelles un mouvement rotatoire.

Allons, prenez-le, et je vous donne l'enveloppe par-dessus le marché, ajouta-t-il en le roulant dans un vieux lambeau de damas; très-beau, damas véritable, damas des Indes, qui n'a jamais été reteint; c'est fort, c'est moelleux, marmottait-il en promenant ses doigts sur le tissu éraillé par un reste d'habitude commerciale qui lui faisait vanter un objet de si peu de valeur qu'il le jugeait lui-même digne d'être donné.

Il coula les pièces d'or dans une espèce d'aumônière moyen-âge pendant à sa ceinture, en répétant :

— Le pied de la princesse Hermonthis servir de serre-papier !

Puis, arrêtant sur moi ses prunelles phosphoriques, il me dit avec une voix stridente comme le miaulement d'un chat qui vient d'avaler une arête ;

— Le vieux Pharaon ne sera pas content, il aimait sa fille, ce cher homme.

— Vous en parlez comme si vous étiez son contemporain ; quoique vieux, vous ne remontez cependant pas aux pyramides d'Égypte, lui répondis-je en riant du seuil de la boutique.

indéchiffrables de ratures : articles commencés, lettres oubliées et mises à la poste dans le tiroir, erreur qui arrive souvent aux gens distraits; l'effet était charmant, bizarre et romantique.

Très-satisfait de cet embellissement, je descendis dans la rue, et fus me promener avec la gravité convenable et la fierté d'un homme qui a sur tous les passants qu'il coudoie l'avantage ineffable de posséder un morceau de la princesse Hermonthis, fille de Pharaon.

Je trouvai souverainement ridicules tous ceux qui ne possédaient pas, comme moi, un serre-papier aussi notoirement égyptien ; et la vraie occupation d'un homme sensé me paraissait d'avoir un pied de momie sur son bureau.

Heureusement la rencontre de quelques amis vint me distraire de mon engouement de récent acquéreur ; je m'en fus dîner avec eux, car il m'eût été difficile de dîner avec moi.

Quand je revins le soir, le cerveau marbré de quelques veines de gris de perle, une vague bouffée de parfum oriental me chatouilla délicatement l'appareil olfactif ; la chaleur de la chambre avait attiédi le natrum, le bitume et la myrrhe dans lesquels

Je bus bientôt à pleines gorgées dans la coupe noire du sommeil ; pendant une heure ou deux tout resta opaque, l'oubli et le néant m'inondaient de leurs vagues sombres.

Cependant mon obscurité intellectuelle s'éclaira, les songes commencèrent à m'effleurer de leur vol silencieux.

Les yeux de mon âme s'ouvrirent, et je vis ma chambre telle qu'elle était effectivement : j'aurais pu me croire éveillé, mais une vague perception me disait que je dormais et qu'il allait se passer quelque chose de bizarre.

L'odeur de myrrhe avait augmenté d'intensité, et je sentais un léger mal de tête que j'attribuais fort raisonnablement à quelques verres de vin de Champagne que nous avions bus aux dieux inconnus et à nos succès futurs.

Je regardais dans ma chambre avec un sentiment d'attente que rien ne justifiait ; les meubles étaient parfaitement en place, la lampe brûlait sur la console, doucement estampée par la blancheur laiteuse de son globe de cristal dépoli ; les aquarelles miroittaient sous leur verre de Bohême ; les rideaux pendaient languissamment : tout avait l'air endormi et tranquille.

Cependant, au bout de quelques instants, cet intérieur si calme parut se troubler, les boiseries craquaient furtivement ; la bûche enfouie sous la cendre lançait tout-à-coup un jet de gaz bleu, et les disques des patères semblaient des yeux de métal attentifs comme moi aux choses qui allaient se passer.

Ma vue se porta par hasard vers la table sur laquelle j'avais posé le pied de la princesse Hermonthis.

Au lieu d'être immobile comme il convient à un pied embaumé depuis quatre mille ans, il s'agitait, se contractait et sautillait sur les papiers comme une grenouille effarée : on l'aurait cru en contact avec une pile voltaïque ; j'entendais fort distinctement que le bruit sec produisait son petit talon, dur comme un sabot de gazelle.

J'étais assez mécontent de mon acquisition, aimant les serre-papiers sédentaires et trouvant peu naturel de voir les pieds se promener sans jambes, et je commençais à éprouver quelque chose qui ressemblait fort à de la frayeur.

Tout-à-coup je vis remuer le pli d'un de mes rideaux, et j'entendis un piétinement comme d'une personne qui sauterait à cloche-pied. Je dois avouer que j'eus chaud et froid alternativement ; que je sentis un vent inconnu me souffler dans le dos, et que mes cheveux firent sauter, en se redressant, ma coiffure de nuit à deux ou trois pas.

Les rideaux s'entr'ouvrirent, et je vis s'avancer la figure la plus étrange qu'on puisse imaginer.

C'était une jeune fille, café au lait

très-foncé, comme la bayadère Amani, d'une beauté parfaite et rappelant le type égyptien le plus pur; elle avait des yeux taillés en amande avec des coins relevés et des sourcils tellement noirs qu'ils paraissaient bleus, son nez était d'une coupe délicate, presque grecque pour la finesse, et l'on aurait pu la prendre pour une statue de bronze de Corinthe, si la proéminence des pommettes et l'épanouissement un peu africain de la bouche n'eussent fait reconnaître, à n'en pas douter, la race hiéroglyphique des bords du Nil.

Ses bras minces et tournés en fuseau, comme ceux des très-jeunes filles, étaient cerclés d'espèces d'emprises de métal et de tours de verroterie; ses cheveux étaient nattés en cordelettes, et sur sa poitrine pendait une idole en pâte verte que son fouet à sept branches faisait reconnaître pour l'Iris, conductrice des âmes; une plaque d'or scintillait à son front, et quelques traces de fard perçaient sous les teintes de cuivre de ses joues.

Quant à son costume, il était très-étrange,

Figurez-vous un pagne de bandelettes chamarrées d'hiéroglyphes noirs et rouges, empesées de bitume et qui semblaient appartenir à une momie fraîchement démaillotée.

Par un de ces *sauts* de pensée si fréquents dans les rêves, j'entendis la voix fausse et enrouée du marchand de bric-à-brac, qui répétait, comme un refrain monotone, la phrase qu'il avait dite dans sa boutique avec une intonation si énigmatique :

« Le vieux Pharaon ne sera pas content; il aimait beaucoup sa fille, ce cher homme. »

Particularité étrange et qui ne me rassura guère, l'apparition n'avait qu'un seul pied, l'autre jambe était rompue à la cheville.

Elle se dirigea vers la table où le

pied de momie s'agitait et frétillait avec un redoublement de vitesse. Arrivée là, elle s'appuya sur le rebord, et je vis une larme germer et perler dans ses yeux.

Quoiqu'elle ne parlât pas, je discernais clairement sa pensée : elle regardait le pied, car c'était bien le sien, avec une expression de tristesse coquette d'une grâce infinie; mais le pied sautait et courait çà et là comme s'il eût été poussé par des ressorts d'acier.

Deux ou trois fois elle étendit sa main pour le saisir, mais elle n'y réussit pas.

Alors il s'établit entre la princesse

La princesse Hermonthis disait,
d'un ton de voix doux et vibrant
comme une clochette de cristal :

— Eh bien ! mon cher petit pied,
vous me fuyez toujours, j'avais pourtant bien soin de vous. Je vous baignais d'eau parfumée, dans un bassin d'albâtre ; je polissais votre talon avec la pierre-ponce trempée d'huile de palmes, vos ongles étaient coupés

avec des pinces d'or et polis avec de la dent d'hippopotame ; j'avais soin de choisir pour vous des thatebs brodés et peints à pointes recourbées, qui faisaient l'envie de toutes les jeunes filles de l'Egypte; vous aviez à votre orteil des bagues représentant le scarabée sacré, et vous portiez un des corps les plus légers que puisse souhaiter un pied paresseux.

Le pied répondit d'un ton boudeur et chagrin :

—Vous savez bien que je ne m'appartiens plus, j'ai été acheté et payé; le vieux marchand savait bien ce qu'il faisait, il vous en veut toujours d'avoir refusé de l'épouser : c'est un tour qu'il vous a joué.

« L'Arabe qui a forcé votre cercueil royal dans le puits souterrain de la nécropole de Thèbes était envoyé par lui, il voulait vous empêcher d'aller à la réunion des peuples ténébreux, dans les cités inférieures. Avez-vous cinq pièces d'or pour me racheter ?

— Hélas ! non. Mes pierreries, mes anneaux, mes bourses d'or et d'argent, tout m'a été volé, répondit la princesse Hermonthis avec un soupir.

— Princesse, m'écriai-je alors, je n'ai jamais retenu injustement le pied de personne : bien que vous n'ayez pas les cinq louis qu'il m'a coûté, je vous le rends de bonne grâce ; je serais désespéré de rendre boiteuse une aussi aimable personne que la princesse Hermonthis.

Je débitai ce discours d'un ton régence et troubadour qui dut surprendre la belle Égyptienne.

Elle tourna vers moi un regard chargé de reconnaissance, et ses yeux s'illuminèrent de lueurs bleuâtres.

Elle prit son pied, qui, cette fois, se laissa faire, comme une femme qui va mettre son brodequin, et l'ajusta à sa jambe avec beaucoup d'adresse.

Cette opération terminée, elle fit deux ou trois pas dans la chambre, comme pour s'assurer qu'elle n'était réellement plus boiteuse.

— Ah ! comme mon père va être content, lui qui était si désolé de ma mutilation, et qui avait, dès le jour de ma naissance, mis un peuple tout entier à l'ouvrage pour me creuser un tombeau si profond qu'il pût me conserver intacte jusqu'au jour suprême où les âmes doivent être pesées dans les balances de l'Amenthi.

Venez avec moi chez mon père, il vous recevra bien, vous m'avez rendu mon pied.

Je trouvai cette proposition toute

naturelle; j'endossai une robe de chambre à grands ramages, qui me donnait un air très-pharaonesque; je chaussai à la hâte des babouches turques, et je dis à la princesse Hermonthis que j'étais prêt à la suivre.

Hermonthis, avant de partir, détacha de son col la petite figurine de pâte verte et la posa sur les feuilles éparses qui couvraient la table.

— Il est bien juste, dit-elle en souriant, que je remplace votre serre-papier.

Elle me tendit sa main, qui était douce et froide comme une peau de couleuvre, et nous partîmes.

Nous filâmes pendant quelque

temps avec la rapidité de la flèche dans un milieu fluide et grisâtre, où des silhouettes à peine ébauchées passaient à droite et à gauche.

Un instant, nous ne vîmes que l'eau et le ciel.

Quelques minutes après, des obélisques commencèrent à pointer, des pylônes, des rampes cotoyées de sphinx se dessinèrent à l'horizon.

Nous étions arrivés.

La princesse me conduisit devant une montagne de granit rose, où se trouvait une ouverture étroite et basse qu'il eût été difficile de distinguer des fissures de la pierre si deux stèles bariolées de sculptures ne l'eussent fait reconnaître.

Hermonthis alluma une torche et se mit à marcher devant moi.

C'étaient des corridors taillés dans le roc vif; les murs, couverts de panneaux d'hiéroglyphes et de processions allégoriques, avaient dû occuper des milliers de bras pendant des milliers d'années; ces corridors, d'une longueur interminable, aboutissaient à des chambres carrées, au milieu desquelles étaient pratiqués des puits, où nous descendions au moyen de crampons ou d'escaliers en spirale; ces puits nous conduisaient dans d'autres chambres, d'où partaient d'autres corridors également bigarrés d'éperviers, de serpents roulés en cercle, de tau, de pedum, de bari mystiques, prodigieux travail que nul œil vivant ne devait voir, interminables légendes de granit que les morts avaient seuls le temps de lire pendant l'éternité.

Enfin, nous débouchâmes dans une salle si vaste, si énorme, si démesurée, que l'on ne pouvait en apercevoir les bornes; à perte de vue s'étendaient des files de colonnes monstrueuses entre lesquelles tremblotaient de livides étoiles de lumière jaune : ces points brillants révélaient des profondeurs incalculables.

La princesse Hermonthis me tenait toujours par la main et saluait gracieusement les momies de sa connaissance.

Mes yeux s'accoutumaient à ce demi-jour crépusculaire, et commençaient à discerner les objets.

Je vis, assis sur des trônes, les rois des races souterraines : c'étaient de grands vieillards secs, ridés, parcheminés, noirs de naphte et de bitume, coiffés de pschents d'or, bardés de pectoraux et de hausse-cols, constellés de pierreries avec des yeux d'une fixité de sphinx et de longues barbes blanchies par la neige des siècles ; derrière eux, leurs peuples embaumés se tenaient debout dans les poses roides et contraintes de l'art égyptien, gardant éternellement l'attitude prescrite par le codex iératique ; derrière les peuples miaulaient, battaient de l'aile et ricanaient les chats, les ibis et les crocodilles contemporains, rendus plus monstrueux encore par leur emmaillotage de bandelettes.

Tous les Pharaons étaient là, Chéops, Chephrenès, Psammetichus, Sésostris, Amenoteph; tous les noirs dominateurs des pyramides et des syringes; sur une estrade plus élevée siégeaient le roi Chronos et Xixouthros, qui fut contemporain du déluge, et Tubal Caïn, qui le précéda.

La barbe du roi Xixouthros avait

tellement poussé qu'elle avait déjà fait sept fois le tour de la table de granit sur laquelle il s'appuyait tout rêveur et tout somnolent.

Plus loin, dans une vapeur poussiéreuse, à travers le brouillard des éternités, je distinguais vaguement les soixante-douze rois préadamites avec leurs soixante-douze peuples, à jamais disparus.

Après m'avoir laissé quelques minutes pour jouir de ce spectacle vertigineux, la princesse Hermonthis me présenta au Pharaon son père, qui me fit un signe de tête fort majestueux.

— J'ai retrouvé mon pied ! j'ai

retrouvé mon pied! criait la princesse en frappant ses petites mains l'une contre l'autre avec tous les signes d'une joie folle, c'est monsieur qui me l'a rendu.

Les races de Kemé, les races de Nahasi, toutes les nations noires, bronzées, cuivrées, répétaient en chœur :

« La princesse Hermonthis a retrouvé son pied ! »

Xixouthros lui-même s'en émut :

Il souleva sa paupière appesantie, passa ses doigts dans sa moustache, et laissa tomber sur moi son regard chargé de siècles.

— Par Oms, chien des enfers, et

par Tmeï, fille du Soleil et de la Vérité, voilà un brave et digne garçon, dit le Pharaon en étendant vers moi son sceptre terminé par une fleur de lotus.

— Que veux-tu pour ta récompense ?

Fort de cette audace que donnent les rêves, où rien ne paraît impossible, je lui demandai la main d'Hermonthis : la main pour le pied me paraissait une récompense antithétique d'assez bon goût.

Le Pharaon ouvrit tout grands ses yeux de verre, surpris de ma plaisanterie et de ma demande.

— De quel pays es-tu et quel est ton âge ?

— Je suis Français, et j'ai vingt-sept ans, vénérable Pharaon.

— Vingt-sept ans ! et il veut épouser la princesse Hermonthis, qui a trente siècles ! s'écrièrent à la fois tous les trônes et tous les cercles de nations.

Hermonthis seule ne parut pas trouver ma requête inconvenante.

— Si tu avais seulement deux mille ans, reprit le vieux roi, je t'accorderais bien volontiers la princesse ; mais la disproportion est trop forte, et puis il faut à nos filles des maris qui durent, et vous ne savez plus vous conserver : les derniers qu'on a apportés il y a quinze siècles à peine, ne sont plus qu'une pincée de cendre ; regarde, ma chair est dure comme du basalte, mes os sont des barres d'acier.

J'assisterai au dernier jour du monde avec le corps et la figure que j'avais de mon vivant ; ma fille Hermonthis durera plus qu'une statue de bronze.

Alors le vent aura dispersé le dernier grain de ta poussière, et Isis elle-même, qui sut retrouver les morceaux d'Osiris, serait embarrassée de recomposer ton être.

Regarde comme je suis vigoureux

encore et comme mes bras tiennent bien, dit-il en me secouant la main à l'anglaise, de manière à me couper les doigts avec mes bagues.

Il me serra si fort que je m'éveillai, et j'aperçus mon ami Alfred qui me tirait par le bras et me secouait pour me faire lever.

— Ah ça! enragé dormeur, faudra-t-il te faire porter au milieu de la rue et te tirer un feu d'artifice aux oreilles?

Il est plus de midi, tu ne te rappelles donc pas que tu m'avais promis de venir me prendre pour aller voir les tableaux espagnols de M. Aguado?

— Mon Dieu ! je n'y pensais plus, répondis-je en m'habillant ; nous allons y aller : j'ai la permission ici sur mon bureau.

Je m'avançai effectivement pour la prendre ; mais jugez de mon étonnement lorsqu'à la place du pied de momie que j'avais acheté la veille, je vis la petite figurine de pâte verte mise à sa place par la princesse Hermonthis !

ANGELA.

L'année dernière, je fus invité, ainsi que deux de mes camarades d'atelier, Arrigo Cohic et Pédrino Borgnioli, à passer quelques jours dans une terre au fond de la Normandie.

Le temps, qui, à notre départ, promettait d'être superbe, s'avisa de changer tout-à-coup, et il tomba tant de pluie que les chemins creux où nous marchions étaient comme le lit d'un torrent.

Nous enfoncions dans la bourbe jusqu'aux genoux, une couche épaisse de terre grasse s'était attachée aux semelles de nos bottes, et par sa pesanteur ralentissait tellement nos pas, que nous n'arrivâmes au lieu de notre destination qu'une heure après le coucher du soleil.

Nous étions harassés; aussi notre hôte, voyant les efforts que nous faisions pour comprimer nos bâillements et tenir les yeux ouverts, aussitôt que nous eûmes soupé, nous fit conduire chacun dans notre chambre.

La mienne était vaste ; je sentis, en y entrant, comme un frisson de fièvre, car il me sembla que j'entrais dans un monde nouveau.

En effet, l'on aurait pu se croire au temps de la Régence, à voir les dessus de porte de Boucher représentant les quatre saisons, les meubles surchargés d'ornements de rocaille du plus mauvais goût, et les trumeaux des glaces sculptés lourdement.

Rien n'était dérangé. La toilette

couverte de boîtes à peignes, de houppes à poudrer, paraissait avoir servi hier. Deux ou trois robes de couleurs changeantes, un éventail semé de paillettes d'argent, jonchaient le parquet bien ciré, et, à mon grand étonnement, une tabatière d'écaille ouverte sur la cheminée était pleine de tabac encore frais.

Je ne remarquai ces choses qu'après que le domestique, déposant son bougeoir sur la table de nuit, m'eut souhaité un bon somme, et, je l'avoue, je commençai à trembler comme la feuille. Je me déshabillai promptement, je me couchai, et, pour en finir avec ces sottes frayeurs, je fermai bientôt les yeux en me tournant du côté de la muraille.

Mais il me fut impossible de rester dans cette position : le lit s'agitait sous moi comme une vague, mes paupières se retiraient violemment en arrière. Force me fut de me retourner et de voir.

Le feu qui flambait jetait des reflets rougeâtres dans l'appartement, de sorte qu'on pouvait sans peine distinguer les personnages de la tapisserie et les figures des portraits enfumés pendus à la muraille.

C'étaient les aïeux de notre hôte, des chevaliers bardés de fer, des conseillers en perruque, et de belles dames aux visages fardés et aux cheveux poudrés à blanc, tenant une rose à la main.

Tout-à-coup le feu prit un étrange degré d'activité ; une lueur blafarde illumina la chambre, et je vis clairement que ce que j'avais pris pour de vaines peintures était la réalité ; car les prunelles de ces êtres encadrés remuaient, scintillaient d'une façon singulière ; leurs lèvres s'ouvraient et se fermaient comme des lèvres de gens qui parlent, mais je n'entendais rien que le tic-tac de la pendule et le sifflement de la bise d'automne.

Une terreur insurmontable s'empara de moi, mes cheveux se hérissèrent sur mon front, mes dents s'entre-choquèrent à se briser, une sueur froide inonda tout mon corps.

La pendule sonna onze heures. Le vibrement du dernier coup retentit longtemps, et lorsqu'il fut éteint tout-à-fait......

Oh! non, je n'ose pas dire ce qui arriva, personne ne me croirait, et l'on me prendrait pour un fou.

Les bougies s'allumèrent toutes seules; le soufllet, sans qu'aucun être visible lui imprimât le mouvement, se prit à souffler le feu, en râlant comme un vieillard asthmatique, pendant que les pincettes fourgonnaient dans les tisons et que la pelle relevait les cendres.

Ensuite une cafetière se jeta en bas d'une table où elle était posée, et se dirigea, clopin-clopant, vers le foyer, où elle se plaça entre les tisons.

Quelques instants après, les fauteuils commencèrent à s'ébranler, et, agitant leurs pieds tortillés d'une manière surprenante, vinrent se ranger autour de la cheminée.

grise, ressemblant, à s'y méprendre, à l'idée que je me suis faite du vieux sir John Falstaff, sortit, en grimaçant, la tête de son cadre, et, après de grands efforts, ayant fait passer ses épaules et son ventre rebondi entre les ais étroits de la bordure, sauta lourdement par terre.

Il n'eut pas plus tôt pris haleine qu'il tira de la poche de son pourpoint une clef d'une petitesse remarquable; il souffla dedans pour s'assurer si la forure était bien nette, et il l'appliqua à tous les cadres les uns après les autres.

Et tous les cadres s'élargirent de

façon à laisser passer aisément les figures qu'ils renfermaient :

Petits abbés poupins, douairières sèches et jaunes, magistrats à l'air grave ensevelis dans de grandes robes noires, petits maîtres en bas de soie, en culotte de prunelle, la pointe de l'épée en haut, tous ces personnages présentaient un spectacle si bizarre que, malgré ma frayeur, je ne pus m'empêcher de rire.

Ces dignes personnages s'assirent, la cafetière sauta légèrement sur la table. Ils prirent le café dans des tasses du Japon blanches et bleues, qui accoururent spontanément de dessus un secrétaire, chacune d'elles munie d'un morceau de sucre et d'une petite cuiller d'argent.

Quand le café fut pris, tasses, cafetière et cuillers disparurent à la fois, et la conversation commença, certes la plus curieuse que j'aie jamais ouïe, car aucun de ces étranges causeurs ne regardait l'autre en parlant : ils avaient tous les yeux fixés sur la pendule.

Je ne pouvais moi-même en détourner mes regards et m'empêcher de suivre l'aiguille qui marchait vers minuit à pas imperceptibles.

Enfin, minuit sonna : une voix, dont le timbre était exactement celui de la pendule, se fit entendre et dit :

— Voici l'heure, il faut danser.

Toute l'assemblée se leva. Les fauteuils se reculèrent de leur propre mouvement, alors chaque cavalier prit la main d'une dame; et la même voix dit :

— Allons, Messieurs de l'orchestre, commencez.

J'ai oublié de dire que le sujet de la tapisserie était un concerto italien d'un côté, et de l'autre une chasse au cerf où plusieurs valets donnaient du cor. Les piqueurs et les musiciens, qui jusque là n'avaient fait aucun geste, inclinèrent la tête en signe d'adhésion.

Le maestro leva sa baguette, et

une harmonie vive et dansante s'élança des deux bouts de la salle. On dansa d'abord le menuet.

Mais les notes rapides de la partition exécutée par les musiciens s'accordaient mal avec ces graves révérences : aussi chaque couple de danseurs, au bout de quelques minutes, se mit à pirouetter comme une toupie d'Allemagne. Les robes de soie des femmes, froissées dans ce tourbillon dansant, rendaient des sons d'une nature particulière ; on aurait dit le bruit d'ailes d'un vol de pigeons. Les vents qui s'engouffraient par-dessous, les gonflaient prodigieusement, de sorte qu'elles avaient l'air de cloches en branle.

L'archet des virtuoses passait si rapidement sur les cordes qu'il en jaillissait des étincelles électriques. Les doigts des fluteurs se haussaient et se baissaient comme s'ils eussent été de vif-argent; les joues des piqueurs étaient enflées comme des ballons, et tout cela formait un déluge de notes et de trilles si pressées et de gammes ascendantes et descendantes si entortillées, si inconcevables, que les démons eux-mêmes n'auraient pu deux minutes suivre une pareille mesure.

Aussi c'était pitié de voir tous les efforts de ces danseurs pour rattrapper la cadence. Ils sautaient, cabriolaient, faisaient des ronds de jambe, des jetés-battus et des entre-chats de trois pieds de haut, tant que la sueur leur coulant du front sur les yeux, leur emportait les mouches et le fard. Mais ils avaient beau faire, l'orchestre les devançait toujours de trois ou quatre notes.

La pendule sonna une heure; ils s'arrêtèrent. Je vis quelque chose qui m'était échappé, une femme qui ne dansait pas.

Elle était assise dans une bergère au coin de la cheminée, et ne paraissait pas le moins du monde prendre part à ce qui se passait autour d'elle;

Jamais, même en rêve, rien d'aussi parfait ne s'était présenté à mes yeux ; une peau d'une blancheur éblouissante, des cheveux d'un blond cendré, de longs cils et des prunelles bleues, si claires et si transparentes que je voyais son âme à travers aussi distinctement qu'un caillou au fond d'un ruisseau.

Et je sentis que si jamais il m'arivait d'aimer quelqu'un, ce serait elle. Je me précipitai hors du lit d'où jusque là je n'avais pu bouger, et je me dirigeai vers elle, conduit par quelque chose qui agissait en moi sans que je pusse m'en rendre compte ; et je me trouvai à ses genoux, une de ses mains dans les miennes, causant avec elle comme si je l'eusse connue depuis vingt ans.

Mais, par un prodige bien étrange, tout en lui parlant, je marquais d'une oscillation de tête la musique qui n'avait pas cessé de jouer; et, quoique je fusse au comble du bonheur d'entretenir une aussi belle personne, les pieds me brûlaient de danser.

Cependant je n'osais lui en faire la proposition. Il paraît qu'elle comprit ce que je voulais, car levant vers le cadran de l'horloge la main que je ne tenais pas ;

—Quand l'aiguille sera là, nous verrons, mon cher Théodore.

Je ne sais comment cela se fit, et je ne fus nullement surpris de m'entendre ainsi appeler par mon nom, et nous continuâmes à causer. Enfin, l'heure indiquée sonna, la voix au timbre d'argent vibra encore dans la chambre et dit :

— Angéla, vous pouvez danser avec Monsieur, si cela vous fait plaisir, mais vous savez ce qui en résultera.

— N'importe, répondit Angéla d'un ton boudeur.

Et elle passa son bras d'ivoire autour de mon cou.

— Prestissimo, cria la voix.

Et nous commençâmes à valser. Le sein de la jeune fille touchait ma poitrine, sa joue veloutée effleurait la mienne, et son haleine suave flottait sur ma bouche.

Jamais de la vie je n'avais éprouvé une pareille émotion ; mes nerfs tressaillaient comme des ressorts d'acier, mon sang coulait dans mes artères en torrent de lave, et j'entendais battre mon cœur comme une montre accrochée à mes oreilles.

Pourtant cet état n'avait rien de pénible. J'étais inondé d'une joie ineffable et j'aurais toujours voulu demeurer ainsi, et, chose remarquable, quoique l'orchestre eût triplé de vitesse, nous n'avions besoin de faire aucun effort pour le suivre.

Les assistants, émerveillés de notre agilité, criaient bravo, et frappaient de toutes leurs forces dans leurs mains qui ne rendaient aucun son.

Angéla, qui jusqu'alors avait valsé avec une énergie et une justesse surprenantes, parut tout-à-coup se fatiguer; elle pesait sur mon épaule comme si les jambes lui eussent manqué; ses petits pieds, qui une minute avant effleuraient le plancher, ne s'en détachaient que lentement, comme s'ils eussent été chargés d'une masse de plomb.

—Angéla, vous êtes lasse, lui dis-je, reposons-nous.

—Je le veux bien, répondit-elle en s'essuyant le front avec son mouchoir. Mais pendant que nous valsions, ils se sont tous assis, il n'y a plus qu'un fauteuil, et nous sommes deux.

—Qu'est-ce que cela fait, mon bel ange? je vous prendrai sur mes genoux.

Sans faire la moindre objection, Angéla s'assit, m'entourant de ses bras comme d'une écharpe blanche, cachant sa tête blanche dans mon sein pour se réchauffer un peu, car elle était devenue froide comme un marbre.

Je ne sais pas combien de temps nous restâmes dans cette position, car tous mes sens étaient absorbés dans la contemplation de cette mystérieuse et fantastique créature.

Je n'avais plus aucune idée de l'heure ni du lieu; le monde réel n'existait plus pour moi, et tous les liens qui m'y attachent étaient rompus; mon âme, dégagée de sa prison de boue, nageait dans le vague et l'infini; je comprenais ce que nul homme ne peut comprendre, les pensées d'Angéla se révélant à moi sans qu'elle eût besoin de parler, car son âme brillait dans son corps comme une lampe d'albâtre, et les rayons partis de sa poitrine perçaient la mienne de part en part.

L'alouette chanta, une lueur pâle se joua sur les rideaux.

Aussitôt qu'Angéla l'aperçut, elle se leva précipitamment, me fit un geste d'adieu, et, après quelques pas, poussa un cri et tomba de sa hauteur.

Saisi d'effroi, je m'élançai pour la relever...... Mon sang se fige rien que d'y penser : je ne trouvai rien que la cafetière brisée en mille morceaux.

A cette vue, persuadé que j'avais

été le jouet de quelque illusion diabolique, une telle frayeur s'empara de moi que je m'évanouis.

Lorsque je repris connaissance, j'étais dans mon lit ; Arrigo Cohic, et Pédrino Borgnioli se tenaient debout à mon chevet.

Aussitôt que j'eus ouvert les yeux, Arrigo s'écria :

— Ah ! c'est dommage ! voilà bientôt une heure que je te frotte les tempes d'eau de Cologne. Que, diable! as-tu fait cette nuit? Ce matin, voyant que tu ne descendais pas, je suis entré dans ta chambre, et je t'ai trouvé tout du long étendu par terre, en habit à la Française, serrant dans tes bras un morceau de porcelaine brisée, comme si c'eût été une jeune et jolie fille.

— Pardieu! c'est l'habit de noce de mon grand-père, dit l'autre en soulevant une de ses basques de soie fond rose à ramages verts. Voilà les boutons de strass et de filigrane qu'il nous vantait tant. Théodore l'aura trouvé dans quelque coin et l'aura mis pour s'amuser.

— Mais à propos, de quoi t'es-tu trouvé mal? ajouta Borgnioli : cela est bon pour une petite maîtresse qui a des épaules blanches; on la délace, on lui ôte ses colliers, son écharpe, et c'est une belle occasion de faire des minauderies.

— Ce n'est qu'une faiblesse qui m'a pris : je suis sujet à cela, répondis-je séchement.

Je me levai, je me dépouillai de mon ridicule accoutrement.

Et puis l'on déjeuna.

Mes trois camarades mangèrent beaucoup et burent encore plus; moi, je ne mangeais presque pas, le souvenir de ce qui s'était passé me causait d'étranges distractions.

Le déjeuner fini, comme il pleuvait à verse, il n'y eut pas moyen de sortir, chacun s'occupa comme il put. Borgnioli tambourina des marches guerrières sur les vitres, Arrigo et l'hôte firent une partie de dames, moi, je tirai de mon album un carré de vélin, et je me mis à dessiner.

Les linéaments presque imperceptibles tracés par mon crayon, sans que j'y eusse songé le moins du monde, se trouvèrent représenter avec la plus merveilleuse exactitude la cafetière qui avait joué un rôle si important dans les scènes de la nuit.

—C'est étonnant comme cette tête ressemble à ma sœur Angela, dit l'hôte qui, ayant terminé sa partie, me regardait travailler par-dessus mon épaule.

En effet, ce qui m'avait semblé tout-à-l'heure une cafetière, était bien réellement le profil doux et mélancolique d'Angela.

—De par tous les Saints du paradis! est-elle morte ou vivante? m'écriai-je d'un ton de voix tremblant, comme si ma vie eût dépendu de sa réponse.

— Elle est morte, il y a deux ans, d'une fluxion de poitrine à la suite d'un bal.

— Hélas ! répondis-je douloureusement.

Et, retenant une larme qui était prête à tomber, et replaçant le papier dans l'album, je venais de comprendre qu'il n'y avait plus pour moi de bonheur sur la terre !

LE GARDE NATIONAL
RÉFRACTAIRE.

Le garde national réfractaire est un homme de bon sens, cosmopolite par goût, qui se soucie peu d'être national, et encore moins garde ; il aime mieux être réfractaire.

Les baïonnettes intelligentes le séduisent médiocrement, car il trouve qu'il ne faut pas une grande intelligence pour planter un morceau de fer dans le ventre de n'importe qui.

Le soldat citoyen lui paraît une invention assez pauvre; c'est bien assez d'être l'un sans être l'autre.

L'épicier enté sur le Tamerlan, ou, si vous aimez mieux, le Tamerlan enté sur l'épicier n'ont pas le don de le ravir.

Le réfractaire allègue que c'est une mauvaise manière de garder sa maison que de s'en aller dans un quartier fort éloigné, pour donner toute facilité aux amants et aux voleurs, en faveur de qui la milice urbaine a été certainement inventée; il dit aussi que ce n'est pas la peine de payer quatre cent mille fainéants, qui n'ont autre occupation que de regarder sur les boulevards les confrères de Bilboquet, et de courtiser les bonnes d'enfants dans les jardins publics, si l'on doit faire leur besogne soi-même.

Il prétend que jamais on ne lui a envoyé de tourlouroux pour écrire son feuilleton, et qu'alors il ne doit pas faire la faction des susdits tourlouroux. Nous ne voyons pas trop ce que l'on pourrait répondre à ce raisonnement.

Un autre motif qu'il donne, et qui est assez plausible, c'est que s'il avait les 300 francs qu'il faut pour s'équiper, il s'empresserait d'acheter un habit noir pour remplacer le sien, dont les coutures blanchissent, dont les boutons s'éraillent. Il se procurerait des bottes sérieuses, car es siennes rient aux éclats, *et rien n'est plus sot qu'un sot rire*, s'il faut en croire le proverbe grec ; il commanderait aussi un pantalon à son tailleur, afin de restaurer un peu son élégance qui périclite visiblement.

Ensuite, il lui répugne de paraître déguisé dans les rues en dehors des jours de carnaval, surtout quand le déguisement consiste en un bonnet de sauvage, un habit indigo, relevé d'agréments sang de bœuf, écartelé de buffleteries badigeonnées au blanc d'Espagne, avec une giberne qui vous bat l'opposé du devant, un briquet et une baïonnette, gigantesques breloques placées à l'envers, qui vous tambourinent odieusement sur les mollets ou sur les tibias, si vous n'avez pas de mollets.

Mais, hélas! tout n'est pas rose dans le métier de réfractaire ; au contraire !

Autant vaudrait être caniche d'aveugle, femme galante, cheval de fiacre, servante de vieille fille, acteur à la banlieue, souffleur au Cirque-Olympique pendant les représentations de Carter, culotteur de pipes, retourneur d'invalides, promeneur de chiens convalescents, journaliste même, si la pudeur permet de s'exprimer ainsi !

Le voleur à la tire, le rinceur de cambriole, ceux qui font la grande soulasse sur les trimards, mènent une vie charmante en comparaison.

Le réfractaire, qui avait pris son logement sous le nom d'une femme ou d'une personne partie pour Tombouctou, au risque de voir son prête-nom femelle ou mâle lui dérober son acajou, a été dénoncé par un ami de cœur qui mériterait de s'appeler Goulatromba, comme celui du bohême Zafari, dans la pièce de *Ruyblas*, ou par son propriétaire avec lequel il s'est querellé sous prétexte de terme à ne pas payer, ou de réparations à faire.

En vain il s'est intitulé madame Durand, mademoiselle Zinzoline, ou même madame Mittoufflet; en vain il a essayé d'entrer dans la peau des septuagénaires les plus notoires; en vain il a tâché de s'escamoter, de s'annihiler, de se supprimer, de se rayer du nombre des vivants, de devenir une ombre impalpable ; le conseil de recensement a les yeux ouverts sur lui, il le connaît, sait son nom véritable, ses prénoms et son état. Rien n'a servi.

Pourtant ce malheureux ne recevait ses lettres que par une main tierce, quatre jours après les rendez-vous ou les invitations qu'elles indiquaient; il lisait les journaux de la semaine passée, il sortait avant le jour et ne rentrait qu'à la nuit tombante pour ne pas être connu dans son quartier, et ne pas faire naître à quelque droguiste, assis sur le pas de sa porte entre une caisse de pruneaux et un tonneau de jus de réglisse, cette idée sournoise et dangereuse :

— Mais ce monsieur n'est pas de notre compagnie?

Avant cette terrible dénonciation, le réfractaire n'existait qu'à l'état d'utopie, de rêve, de fiction, ou plutôt il n'existait pas, ce qui vaut bien mieux; il était parvenu à se faire un petit néant très-confortable, dans lequel il vivait comme un rat dans un fromage : tout ce bonheur n'est plus; il est constaté maintenant et prouvé aussi clairement qu'une règle d'arithmétique, il est forcé d'être lui-même.

A dater de ce jour, il tombe chez

son portier, qui a beau prétendre ne pas le connaître, une neige de papiers plus ou moins incongrus (la comparaison serait plus juste si les papiers étaient propres), tels que billets de garde, citations au conseil de discipline, condamnations *en* vingt-quatre heures de prison, et autres balivernes en français civique.

Ces papiers alimentent pendant longtemps le cabinet intime du réfractaire, ou lui servent à allumer sa pipe quand il fume ; il fume toujours. Les vingt-quatre heures se changent en quarante-huit heures. — Les soixante-douze heures ne vont pas tarder à paraître.

Pour ne pas être pris, le réfractaire laisse pousser ses cheveux, s'il les avait courts, les coupe s'il les avait longs; met un faux nez de cire vierge, comme Edmond du Cirque-Olympique, quand il jouait l'Empereur; se colle des favoris postiches et se grime en sexagénaire pour dérober son signalement aux mouchards, aux argousins et aux gardes municipaux.

Comme il sait que le renard est bientôt pris s'il n'a qu'un terrier, il en a cinq : trois à la ville et deux à la campagne; un cabriolet de régie stationne perpétuellement à la porte de derrière du logement qu'il habite ce jour-là; car, à l'exemple de Cromwell, il ne couche jamais deux fois dans la même chambre, et, comme les chats, ne dort jamais que d'un œil.

La nuit, il a des cauchemars affreux; la patte de crabe d'un mouchard lui serre la gorge et l'étouffe; il voit les spectres de Dubois, de Ripon, de Duminil, de Werther, déguisés en hommes et vêtus d'effroyables redingotes vertes; ils agitent de fulgurantes condamnations à soixante-douze heures, et ricanent affreusement en montrant leurs crocs et leurs défenses de sanglier. Des portes doublées de fer se referment sur lui; il entend grincer des verroux, glapir des gonds mal graissés ; des geôliers avec des bonnets de peau d'ours, comme ceux des mélodrames, traînent des paquets de chaînes et de ferrailles; il descend des escaliers, parcourt des corridors sans fin, dont de rougeâtres reflets éclairent la profondeur; ces corridors deviennent de plus en plus étroits, les murailles se rapprochent, les voûtes se baissent, les planchers s'élèvent; il se trouve pris dans un entonnoir de pierre, incapable de faire un mouvement, enchâssé comme une pomme dans un ruisseau gelé; après des efforts inouïs, il parvient à jeter de côté sa couverture et s'éveille.

O ciel! il est déjà quatre heures et demie, un pâle rayon du jour pénètre à travers les côtés des persiennes, toujours fermées pour faire croire à une absence; le soleil va se lever, et avec lui le garde municipal.

Le réfractaire se précipite à bas du lit, chausse à la hâte des bottes non cirées, un habit peu brossé, un pantalon crotté de la veille, et sans s'être ni lavé, ni peigné, ni rasé, se glisse dans la rue en longeant les maisons, comme une hirondelle qui veut prendre des mouches.

La lueur bleue du matin lutte péniblement avec les jaunes clartés des réverbères qui grésillent dans le brouillard; la ville dort encore d'un profond sommeil; à peine si les laitières, entourées d'amphores de fer-blanc, commencent à déboucher au coin des rues avec leurs petites charrettes, il n'y a que les rogomistes dont les boutiques soient ouvertes; les vidangeurs y boivent le *blanc* du matin. Le réfractaire, malgré son goût pour les parfums, est bien forcé, transi de froid et las de battre l'antiffe (c'est le terme), d'entrer aussi chez le rogomiste, et, sous peine d'être assommé, il se voit obligé de trinquer avec ces messieurs.

Enfin, un cabriolet paraît! le réfractaire le hêle, et il part pour la cachette campagnarde ; il n'a pas encore été pris ! Werther arrive et trouve l'oiseau déniché.

Ordinairement le réfractaire est un homme de construction athlétique, qui broierait d'un coup de poing l'Hercule de marbre des Tuileries; il a cinq pieds et demi de haut, six de tour, et porte cinquante livres à bras tendu, ce qui fait qu'il n'a pas besoin, pour se rassurer sur son aptitude physique, de jouer au militaire comme les petits bourgeois rachitiques et bossus, qui n'ont pas d'autre moyen de prouver à leur femme qu'ils sont très-forts et très-redoutables. Sa prétention est d'être malade ; au besoin il vous soutiendrait qu'il est mort et déjà *très-avancé*, sentez-le.

Il faut le voir devant le conseil de révision ; il se fait apporter en brancard ; quatre estafiers le soutiennent sous les bras; avant de partir il a fait son testament; il va passer tout-à-l'heure, et retourner aux cieux dont il n'aurait pas dû descendre; il s'est fardé avec du bleu de billard et du karis à l'indienne ; il a la fièvre jaune ou le choléra bleu de ciel, un choléra des plus asiatiques. Sauvez-vous, ces maladies sont contagieuses !

Le chirurgien de la légion, qui est le vrai médecin Tant-Mieux de la fable, et ne croit à aucune maladie, l'envoie se débarbouiller, et le déclare apte au service.

Le réfractaire, battu sur ce point, s'avoue timidement phthisique au troisième degré; sa vaste poitrine, où les soufflets d'une forge joueraient à l'aise, lui inspire cette prétention qui heureusement ne fut jamais plus mal fondée; la phthisie ne réussit pas mieux que le choléra-morbus et la fièvre jaune. Alors le réfractaire désespéré, acculé dans ses derniers retranchements, comme le sanglier de Calydon, prétend être atteint d'une endo-cardite très-perfectionnée.

L'endo-cardite est la dernière maladie inventée par les médecins à la mode; elle consiste dans un certain épaississement de la membrane interne du cœur, qui n'est pas des plus aisés à constater : les symptômes en sont très-agréables : vous n'aviez pas l'endo-cardite, vous étiez maigre, jaune, mal portant; dès que vous en êtes atteint, votre figure se remplit, se colore; vous avez l'œil d'un éclat admirable, l'embonpoint satine votre peau, vos bras se développent, vous devenez ce que les portières appellent un bel homme.

Le chirurgien, étonné d'une si belle maladie, déclare que l'endo-cardite existe en effet, mais que l'endo-cardite est plus propre que tout autre au service de la garde nationale.

Le réfractaire se retire après avoir grommelé quelques injures contre les membres du conseil de révision, qui sont de vénérables marchands de suif, d'augustes menuisiers, de magnanimes fabricants de bas de filoselle et de petits avocats chafoins, à l'œil voiron, au teint bilieux, qui débitent de grands réquisitoires et s'exercent à demander des têtes en mouchant la chandelle avec les doigts.

C'est alors que commence une effroyable persécution ; l'orgueil des charcutiers, blessé au vif, se soulage par des poursuites furibondes. Jamais assassin, jamais voleur, jamais accusé politique ne fut traqué aussi rudement.

Lorsque ses terriers sont éventés, l'infortuné n'a d'autre ressource que d'avoir quelques bonnes fortunes. C'est là le plus triste : il déploie ses grâces les plus exquises; il est adorable, il est charmant, et fait si bien qu'on oublie de le renvoyer; voilà un gîte de plus.

Mais les municipaux connaissent les affaires de cœur : Werther paraît; mieux vaudrait l'amant ou le mari même, un pistolet dans chaque main.

— Monsieur, je viens pour vous arrêter.

— Ah! très-bien; déployez votre commissaire et son écharpe : je ne suis pas assez lié avec vous pour ne pas faire de cérémonie.

Werther n'a pas de commissaire sur lui, et va chercher le plus voisin.

Pendant qu'il essaie d'éveiller l'auguste fonctionnaire, le réfractaire, vêtu d'un simple pantalon, se jette dans une voiture et se sauve chez des parents qu'il a dans une banlieue quelconque; ses habits ne lui parviennent que deux jours après; pendant tout ce temps, il est resté roulé dans une couverture, l'habit de son parent étant beaucoup trop étroit pour lui.

Cette vive alerte le fait redoubler de surveillance; la consigne des portiers est plus sévère que jamais : il faut, pour parvenir jusqu'à lui, un mot d'ordre, une manière cabalistique de sonner; les gens les plus connus deviennent suspects au Cerbère, qui ne laisse passer personne; votre père est renvoyé comme mouchard; votre meilleur ami, comme garde municipal.

Quelques jours après, le réfractaire reçoit des lettres dans ce genre :

« Mon Chéri,

» Je suis venue l'autre jour pour te voir et passer une partie de la journée avec toi; nous aurions été dîner ensemble, et ensuite au spectacle; j'étais libre jusqu'à demain...; jusqu'à demain ! pleure de rage en y songeant.

» Mais ton portier n'a pas voulu me laisser monter : il a prétendu que tu n'y étais pas, et que, d'ailleurs, je devais être un gendarme déguisé.

» Que veut dire cette folie? Ah ! si tu me trompais, je saurais me venger.

» ALIDA. »

« Mon Vieux,

» Ah ça, quel diable de portier as-
» tu donc?

» Hier je suis venu pour te rappor-
» ter les cinq cents livres que je te de-
» vais, il m'a reçu comme plusieurs
» chiens dans un jeu de quilles : il m'a
» dit qu'on ne te connaissait pas dans
» la maison.

» J'ai vu qu'il me prenait pour un
» créancier, alors j'ai exhibé le bien-
» heureux sac, et je lui ai montré que
» j'étais précisément le contraire d'un
» tailleur; mais il m'a répondu qu'il
» connaissait ces frimes-là, et qu'il
» était un vieux dur-à-cuire, ayant
» servi sous Napoléon.

»J'ai insisté, et j'ai vu le moment »où il allait me casser son balai sur »la tête.

»Maxime DE BOISGONTIER. »

Ce n'est pas tout.

La tête du malheureux réfractaire est mise à prix. Le mouchard qui l'arrêtera aura une prime de vingt francs (cinq francs de moins que pour un loup, cinq de plus que pour un noyé), car il faut que le crime de lèse-épicerie soit puni.

M. Crapouillet a déclaré que, si le délinquant ne montait pas sa garde, il vendrait son uniforme et enverrait la garde nationale à tous les diables.

M. Pitois, M. Jabulot et M. Gavet sont du même avis.

Des argousins font pied de grue à toutes ses portes, de façon qu'il est prisonnier dans la rue, et ne peut plus rentrer dans aucun de ses domiciles.

Le réfractaire passe alors à l'état de vagabond : il se promène toute la journée sur les boulevards extérieurs; couche dans les fossés ou sur les arbres, il ne demeure plus, il perche. S'il avait toujours cinq sous, il représenterait le Juif-Errant au naturel; sa barbe longue ajoute à l'illusion, sa mine hâve, son manteau frangé de crotte ne la détruisent pas; aussi, les gendarmes qui passent lui trouvent l'air suspect et le soupçonnent fort d'être quelque galérien échappé du bagne.

L'inquiétude visible avec laquelle le réfractaire suit leurs mouvements ne leur laisse aucun doute, car le réfractaire est comme Bertrand, *il n'est pas maître de ça.* Ils fondent sur lui la pointe haute, en lui criant d'une voix plus éclatante que le clairon du jugement dernier :

— Brigand, rends-toi, ou tu es mort?

Il se rend.

— Tes papiers, tes passe-ports, ton livret, forçat libéré!

— Je n'ai ni passe-ports, ni livret; je me promène.

— Ah! ah! est-ce qu'on se promène avec une figure comme ça? Tu fais semblant de te promener, mauvais républicain! Je suis sûr que tu es marqué. — Qu'avons-nous fait, avons-nous tué notre mère ou forcé la caisse à papa? avons-nous fait suer le chêne et couler le raisinet?... et autres gentillesses de gendarme à forçat.

Le pauvre diable se défend de son mieux; il décline ses nom, prénoms, qualité.

— Suis-nous chez le brigadier, et

marche droit, Papavoine, ou nous te mettrons les poucettes.

Il suit les deux gendarmes à cheval, allongeant le pas tant qu'il peut; il sait que le fort de la gendarmerie n'est pas le raisonnement.

Les gamins s'attroupent; les femmes se montrent sur le pas des portes avec leurs marmots au bras.

— A-t-il l'air féroce!

— Il doit avoir tué bien du monde. Oh! le gueux; oh! le scélérat.

— C'te balle; oh! c'te taule!

— J'espère bien qu'on lui coupera la tronche, à celui-là.

— Je parie que je l'attrape à la sorbonne avec un trognon de chou.

— Le parieur gagne : le réfractaire, furieux, veut s'élancer sur le moutard pour lui appliquer une solide correction, mais les gendarmes le retiennent.

Au bout d'une lieue, on arrive enfin chez le brigadier, qui trouve le cas grave et renvoie le prévenu devant le commissaire. Le commissaire demeure justement une lieue plus loin, et c'est encore un myriamètre à faire au derrière d'un cheval : c'est agréable.

Heureusement le commissaire est un homme de bon sens, ou à peu près ; le prisonnier se réclame de personnes connues, et le commissaire le fait mettre en liberté, non sans lui avoir débité un petit discours paternel sur les hautes vertus de l'ordre de choses et l'excellence du Gouvernement actuel à qui rien n'échappe, et qui fait arrêter même les innocents de peur de manquer les coupables.

Le réfractaire, parfaitement édifié, se retire, et, décidé à braver tout, rentre effrontément chez lui, où il vit dans le plus profond repos pendant une semaine, car les argousins ne peuvent se figurer qu'un homme qui a dix-huit jours de prison puisse ne pas être en fuite, et le cherchent dans les quartiers les plus éloignés.

Cependant chaque coup de sonnette lui cause un soubresaut nerveux et le fait plonger dans une armoire, où il entre en trois morceaux.

A la fin, les argousins se ravisent et reviennent se mettre de planton à sa porte.

Un beau matin, en sortant de chez lui, il sent la patte d'un garde municipal lui tomber sur le collet comme une massue; il entend tonner à son oreille cette phrase formidable :

— Au nom du Roi et de la Loi je vous arrête !

Quatre argousins, munis de gourdins monstrueux, se tiennent à distance ; la résistance est impossible ; le commissaire est là, tout auprès dans un fiacre, avec son écharpe et sa commission, rien n'y manque.

Le réfractaire est pris. Il a fallu pour cela un an de poursuite, et cinq mouchards qui auraient beaucoup mieux fait d'appliquer leur intelligence à prendre des voleurs ou des assassins.

Cette résistance a coûté au réfractaire :

Deux cents heures de cabriolet, ci 400 fr., sans compter les pourboire ; deux logements à la campagne de 300 fr. chacun, ci 600 fr.; trois appartements en ville, ensemble 2,000 fr.; pour-boire donnés à la contre-police du réfractaire, 100 fr.; la perte d'un ami qui devait 500 fr., ci 500 fr.; la perte de mademoiselle Alida, qui ne peut s'évaluer que moralement; la perte de cent journées de travail, valant 2,000 fr. au moins; achats de faux nez, moustaches et favoris postiches et autres déguisements, 150 fr.; affaires manquées, billets protestés pendant des absences, 1,000 fr. Total 6,750 fr.

Sans compter les rhumes de cerveau, les fluxions et autres incommodités attrapées dans les fuites nocturnes et matinales, et les brusques passages d'un lieu chaud dans un lieu froid.

Pendant un an, le réfractaire a connu les angoisses des voleurs et mené la vie errante des proscrits, la plus atroce vie que l'on puisse imaginer, le tout pour aboutir à ce Spielberg du quai d'Austerlitz, que l'on nomme Maison d'arrêt de la Garde Nationale, et plus familièrement, Bazancourt, ou l'Hôtel des Haricots.

Peintres, artistes, sachez-lui gré de ce magnifique entêtement à ne pas porter un costume ridicule de forme, et dont les couleurs sont d'une fausseté révoltante, car c'est pour cela même qu'il ne veut pas être garde national.

FIN DU TOME DEUXIÈME.

SAINT-GERMAIN-EN-LAYE, IMPRIMERIE DE H. PICAULT,
Rue de Paris, 27.

UN NOUVEAU ROMAN
Par FÉLICIEN MALLEFILLE.

LE DERNIER ROI
Par ALEXANDRE DUMAS.
Ouvrage complétement inédit.

DERNIER RÊVE DE JEUNESSE,
Par ED. de BEAUMONT-VASSY.

MÉMOIRES DE TALMA
ÉCRITS PAR LUI-MÊME
ET RECUEILLIS
Par ALEXANDRE DUMAS,
Tomes V et VI.

LE GOLGOTHA DES MARCHANDS
Par ALFRED VILLENEUVE.

LES PROSCRITS DE SYLLA
Par FÉLIX DERIÉGE.

UN NOUVEL OUVRAGE
Par ALPHONSE BROT.

LES SOUPERS DU DIRECTOIRE
Par Jules de SAINT-FÉLIX.

Paris. — Imprimerie de H. V. de Surcy et Cie, r. de Sèvres, 57.

www.ingramcontent.com/pod-product-compliance
Lightning Source LLC
Chambersburg PA
CBHW071506160426
43196CB00010B/1443